GHX GOLF

El secreto mejor guardado para

gestión de campos de golf

Jordi Hernandez

DEDICATORIA

A Marc, un Joven Visionario

A Sandra, Mi Firme Apoyo

Y A Júlia, La Alegría de Nuestra Vida

Este libro es un testimonio de nuestro viaje como familia y de los nuevos horizontes que hemos explorado juntos. Marc, tu valentía y visión a tan temprana edad han sido inspiradoras, y este libro es un tributo a tu espíritu emprendedor. Sandra, tu apoyo inquebrantable y tu amor constante han sido el faro que ilumina mi camino. Y Júlia, tu alegría y vitalidad son el recordatorio constante de lo que realmente importa en la vida.

Dedico este libro a los tres, con gratitud y amor, por ser mi inspiración y mi razón para seguir explorando nuevos horizontes. Este libro es un testimonio de lo que podemos lograr juntos como familia, y una promesa de un futuro lleno de éxitos compartidos.

Con cariño y gratitud,

Jordi Hernández

CONTENIDO

AGRADECIMIENTOS

A Roger Jordana, el Maestro del Golf.

Quiero expresar mi sincero agradecimiento por tu inmensa contribución a este libro y al mundo del golf en general. Tu experiencia como diseñador de campos, gerente, navegante y apasionado de la vida ha enriquecido cada página de este trabajo.

Tu sabiduría y conocimiento han sido una inspiración constante, y tu amor por el golf ha dejado una huella imborrable en quienes compartimos esta pasión contigo.

Mis más sinceros agradecimientos por tu apoyo, orientación y amistad en este emocionante viaje.

Con profunda admiración y gratitud,

Jordi Hernandez

INTRODUCCIÓN

Bienvenidos a un viaje transformador en el mundo del golf, donde las antiguas tradiciones se encuentran con las últimas innovaciones en gestión y crecimiento empresarial. Este libro, titulado "GHX: Otra forma de entender el golf", es una guía que busca un cambio radical en la gestión dentro de la industria del golf. Nos sumerge en una revolucionaria metodología, la GHX, creada por Roger Jordana y Jordi Hernandez, con más de 20 años de experiencia en el sector.

GHX es mucho más que una metodología convencional. Representa una poderosa síntesis de la gestión ágil y el growth hacking, aplicados al mundo del golf. Esta fusión de enfoques vanguardistas se traduce en la transformación de cada rincón de un campo de golf en una oportunidad de negocio independiente. La evaluación de recursos, segundo principio de la GHX, se convierte en la piedra angular de esta transformación, permitiendo que el club de golf evalúe y optimice sus recursos en función de objetivos claros y medibles.

En las páginas de este libro, exploramos en

profundidad cada aspecto de la metodología GHX, desde sus principios fundamentales hasta su aplicación práctica en situaciones del mundo real. Descubriremos cómo la GHX ha llevado a clubes de golf a alcanzar tasas de crecimiento anual de más del 40%, rejuveneciendo su demografía de miembros y golfistas, y convirtiendo costes estructurales en oportunidades de negocio.

En el primer capítulo, nos adentraremos en los Principios Clave de la GHX, donde la conversión de recursos en áreas de negocio independientes se erige como una estrategia central. Veremos cómo la GHX utiliza datos estadísticos para impulsar un crecimiento exponencial y cómo se ha logrado la conversión de costes estructurales en nuevas oportunidades de negocio.

El segundo capítulo nos llevará a través de la Aplicación Práctica de la GHX, donde se revelarán casos reales de clubes de golf que han transformado sus operaciones y han experimentado un crecimiento sostenible. Analizaremos cómo la metodología utiliza la fusión de metodologías ágiles y growth hacking para alcanzar el éxito, centrándonos en la mejora de la comunicación y el desarrollo de estrategias comerciales efectivas.

El tercer capítulo profundizará en la Importancia de la Evaluación de Recursos, destacando cómo esta evaluación constante y basada en datos impulsa el crecimiento y la toma de decisiones informadas. Exploramos casos adicionales de aplicación práctica para comprender cómo la GHX puede revitalizar clubes de golf con problemas de comunicación y sin estrategias comerciales definidas.

El cuarto capítulo nos llevará a través de la Diversificación de Ingresos, donde aprenderemos cómo la GHX puede ayudar a los clubes de golf a generar flujos de ingresos adicionales a través de servicios y productos innovadores. Descubriremos cómo la metodología facilita la gestión de recursos humanos, el control de inventarios, el análisis de datos y el cumplimiento normativo, contribuyendo así a un crecimiento sólido y sostenible.

El quinto capítulo se centrará en la Planificación a Corto, Medio y Largo Plazo, donde exploramos cómo la GHX permite a los clubes de golf trazar estrategias que los mantienen competitivos en un mercado en constante evolución.

Por último, en el sexto capítulo, sumaremos todas estas piezas del rompecabezas y las reunimos en una conclusión que incitará a los lectores a considerar la metodología GHX como una poderosa herramienta para el éxito en la industria del golf. A través de recomendaciones reflexivas, explicaremos cómo pueden aplicar estos principios y estrategias en sus propios clubes de golf o empresas.

Este libro no solo es un manual para la transformación de los clubes de golf, sino también un testimonio de cómo la innovación y la adaptabilidad pueden revolucionar incluso las industrias más tradicionales. GHX es un faro de esperanza para aquellos que buscan no solo sobrevivir sino prosperar en un mundo empresarial en constante cambio. ¡Prepárate para descubrir la revolución GHX y dar el primer golpe hacia un éxito sin límites en la Industria del Golf.

1 PRINCIPIOS CLAVE DE LA METODOLOGÍA GHX - UNA EXPLORACIÓN DETALLADA

El primer capítulo de nuestra travesía a través de la metodología GHX nos sumerge en los fundamentos esenciales que constituyen la base de este enfoque innovador para la gestión de clubes de golf. En este capítulo extendido, exploramos en profundidad los principios clave que subyacen a GHX y cómo se aplican en la práctica.

Principio 1: Conversión de Recursos en Áreas de Negocio - Optimización y Diversificación

La clave para el éxito de GHX radica en su capacidad para ver un club de golf desde una perspectiva empresarial más amplia y estratégica. En lugar de considerar el campo y las instalaciones como un todo homogéneo, GHX propone descomponerlo en áreas de negocio independientes. Cada área, cada instalación y cada servicio se convierte en una oportunidad de negocio única. Esto no solo permite una gestión más eficiente, sino que también abre la puerta a una diversificación de ingresos sin precedentes.

Tomemos como ejemplo la conversión de las principales áreas de explotación de un club de golf en áreas de negocio independientes. Al enfocarse en cada área como una entidad separada, los clubes pueden analizar cada una de ellas de forma independiente, teniendo información segmentada de los beneficios que ofrece cada centro de negocio y controlando su gasto. Eso permite al club destinar más o menos recursos a cada área y tomar decisiones acertadas.

Un ejemplo impresionante de la aplicación de este principio es el caso de un club de golf que, mediante un análisis minucioso de sus datos de driving range y su asociación con un partner estratégico, descubrió que su zona de entrenamiento tenía un bajo rendimiento. Al ajustar la estructura de las tarifas y ofrecer incentivos personalizados, lograron aumentar la facturación en un 240% en solo un año, generando un aumento significativo en los ingresos pese a no disponer de recursos para esa área de negocio concreta.

Segmentación Inteligente de Recursos:

La Segmentación Inteligente de Recursos es uno de los aspectos más fundamentales del principio 1 de la metodología GHX. Se trata de un enfoque estratégico que implica el análisis cuidadoso y la clasificación de cada recurso disponible en un club de golf en función de su potencial de generación de ingresos. Este proceso de evaluación profunda permite identificar oportunidades de negocio, optimizar la asignación de recursos y mejorar significativamente la rentabilidad del club. A continuación, explicaremos en detalle cómo se aplica este concepto:

1. Identificación de Recursos Clave:

La Segmentación Inteligente de Recursos comienza con la identificación de los recursos clave en un club de golf. Estos recursos pueden incluir el campo de golf, las instalaciones auxiliares como restaurantes, bares, tienda de golf, zonas de práctica, salas de eventos, academia de golf, instalaciones deportivas adicionales, personal, piscina o cualquier espacio y activo susceptible de explotación. Cada uno de estos recursos representa una oportunidad potencial para generar ingresos.

2. Evaluación del Potencial de Ingresos:

Una vez que se han identificado los recursos, se realiza una evaluación detallada de su potencial de ingresos y su coste de operatividad. Esto implica analizar estadísticas históricas, tendencias de demanda y preferencias de los miembros y golfistas. La pregunta clave es: ¿qué nos puede aportar y qué nos va a costar?.

3. Clasificación y Priorización:

Después de la evaluación, se clasifican los recursos en función de su potencial de generación de ingresos y sus costes. Los recursos con un alto potencial se consideran áreas de negocio prioritarias, mientras que los recursos con un potencial más limitado se gestionan de manera eficiente pero con menos énfasis en la generación de ingresos directos. Esta clasificación permite una asignación estratégica de recursos y esfuerzos.

4. Optimización de Programación y Tarifas:

La Segmentación Inteligente de Recursos también se relaciona con la programación y las tarifas. Cuando hagamos un análisis de la ocupación del campo de golf nos daremos cuenta que tenemos un potencial de facturación muy por encima del que pensamos, tanto a nivel de salidas como de generación de ingresos por ventas cruzadas. Cuando queremos aumentar los ingresos no siempre es eficiente subir precios, funciona mucho más lanzar productos combinados.

5. Generación de Ingresos Incrementales:
Un aspecto poderoso de la Segmentación Inteligente de Recursos es su capacidad para generar ingresos incrementales. Al enfocarse en recursos previamente subutilizados o pasados por alto, un club de golf puede crear nuevas fuentes de ingresos sin necesariamente aumentar los costes de manera significativa.

Ejemplo Práctico de Segmentación Inteligente:

Imaginemos un club de golf que ha aplicado con éxito la Segmentación Inteligente de Recursos. Después de una evaluación exhaustiva, han identificado que su campo de práctica se utiliza principalmente durante las horas pico de la mañana y la tarde. Sin embargo, durante las horas intermedias, el campo de práctica está relativamente vacío.

Para optimizar este recurso, el club decide ofrecer tarifas especiales durante las horas intermedias para atraer a más golfistas. Además, lanzan programas de membresía exclusivos que incluyen acceso ilimitado al campo de práctica durante todo el día. Como resultado, la afluencia de golfistas durante las horas intermedias aumenta significativamente, generando ingresos adicionales sin costes operativos significativos adicionales.

En resumen, la Segmentación Inteligente de Recursos es un componente esencial de la metodología GHX que puede transformar la rentabilidad de un club de golf. Al identificar y priorizar recursos en función de su potencial de generación de ingresos, los clubes pueden optimizar sus operaciones, atraer a más golfistas y miembros, y aumentar su rentabilidad de manera significativa. Este enfoque estratégico es una de las claves para el éxito sostenible en la industria del golf.

Diversificación de Ofertas:

La Diversificación de Ofertas es un componente esencial del primer principio de la metodología GHX. Este enfoque estratégico implica la creación de una amplia gama de servicios y experiencias para los miembros y golfistas, aprovechando al máximo los recursos disponibles en un club de golf. La diversificación de ofertas no solo aumenta los ingresos, sino que también enriquece la experiencia de los clientes y fortalece la posición competitiva del club. A continuación, profundizaremos en cómo este principio se implementa en la práctica:

1. Identificación de Oportunidades de Diversificación:
El proceso de diversificación comienza con la identificación de oportunidades dentro del club de golf para ofrecer nuevos servicios y experiencias. Esto puede involucrar tanto recursos tangibles como intangibles. Por ejemplo, además de los campos de golf, los recursos pueden incluir restaurantes, salas de eventos, tienda de golf, instalaciones deportivas adicionales, entre otros. Hay que tener muy clara la estrategia como club antes de invertir en nuevos servicios u oportunidades.

2. Desarrollo de Ofertas Innovadoras:
Una vez identificadas las oportunidades, debes trabajar en el desarrollo de ofertas innovadoras que atraigan a diferentes segmentos de cliente. Esto puede incluir la creación de paquetes de membresía exclusivos, eventos

temáticos, programas de capacitación, clinics de golf, noches de música en vivo, actividades familiares y más. La clave es pensar más allá de las ofertas tradicionales y ofrecer algo único y atractivo.

3. Personalización y Flexibilidad:

La diversificación de ofertas también implica la personalización y flexibilidad para adaptarse a las necesidades y preferencias de los distintos tipos de clientes. Esto puede incluir opciones de tarifas flexibles, horarios convenientes y servicios adicionales que agreguen valor a la experiencia del cliente. La capacidad de adaptarse a diferentes segmentos del mercado es fundamental. Si quieres un perfil de cliente diferente, ofrece un producto diferente.

4. Promoción Efectiva:

Una vez que se han desarrollado las nuevas ofertas, es esencial promocionarlas de manera efectiva. Esto implica estrategias de marketing dirigidas a los segmentos de audiencia relevantes, promoción en redes sociales, colaboraciones con organizaciones locales y la creación de una imagen de marca que refleje la diversidad de ofertas. Uno de los principales problemas actuales es que no sabemos transmitir de forma clara lo que vendemos o lo que queremos vender. Fíjate mucho en lo que quieres transmitir antes de realizar cualquier campaña.

Beneficios de la Diversificación de Ofertas:

La diversificación de ofertas tiene una serie de beneficios clave para un club de golf:

- **Aumento de Ingresos:** La introducción de nuevas ofertas puede aumentar significativamente los ingresos del club, ya que se están atrayendo a diferentes grupos de clientes y fomentando el gasto adicional.

- **Mejora la Experiencia del Cliente:** Ofrecer una variedad de servicios y experiencias enriquece la experiencia de los miembros y golfistas, lo que puede aumentar la satisfacción y la fidelización del cliente.

- **Resistencia a la estacionalidad:** Al diversificar las ofertas, un club de golf puede reducir su dependencia de la temporada alta y generar ingresos durante todo el año.

- **Diferenciación Competitiva:** La diversificación de ofertas puede ayudar a un club a destacarse en un mercado competitivo al ofrecer algo único y atractivo que otros clubes no proporcionan. Busca siempre la diferenciación.

Ejemplo Práctico de Diversificación de Ofertas:

Imaginemos un club de golf que ha implementado con éxito la diversificación de ofertas. Además de sus rondas de golf regulares, han introducido una serie de programas de membresía enfocados a un perfil de jugador joven ofreciendo precios especiales en franjas horarias muy concretas. También han creado actividades como eventos temáticos mensuales, torneos de golf nocturnos con música en vivo, clases de fitness y Yoga en grupo o clases de golf de iniciación para captar nuevos jugadores.

El club también ha diversificado sus opciones de restaurante, ofreciendo menús temáticos rotativos y noches especiales de degustación de vinos. Además, han establecido colaboraciones con escuelas locales para organizar clinics de golf para niños, lo que atrae a familias al club.

Este enfoque de diversificación ha resultado en un aumento significativo en los ingresos anuales del club y una mayor participación de los miembros en una variedad de actividades. Los golfistas y miembros tienen más razones para visitar el club con regularidad, lo que fortalece la comunidad y la fidelización de los clientes.

En resumen, la diversificación de ofertas es un componente esencial de la metodología GHX que puede transformar la rentabilidad y la vitalidad de un club de golf. Al identificar oportunidades, desarrollar ofertas innovadoras, promocionar efectivamente y adaptarse a las necesidades de los clientes, los clubes pueden enriquecer la experiencia de los miembros y golfistas, atraer nuevos segmentos de jugadores y aumentar sus ingresos de manera significativa. Este enfoque estratégico es una de las claves para el éxito a largo plazo en la industria del golf.

Optimización de Recursos Humanos:

La optimización de recursos humanos es un aspecto crítico del primer principio de la metodología GHX, que se centra en la conversión de recursos en áreas de negocio. La gestión eficiente del personal en un club de golf no solo mejora la calidad del servicio, sino que también tiene un impacto directo en la rentabilidad. A continuación, explicaremos cómo la optimización de recursos humanos se implementa en la práctica:

1. Selección y Formación del Personal:
El proceso comienza con la selección cuidadosa de personal altamente calificado y motivado. Esto incluye personal de recepción, profesionales del golf, personal de mantenimiento, caddies, marshalls, camareros, chefs y otros miembros del equipo. La formación efectiva es esencial para garantizar que cada empleado tenga las habilidades necesarias y esté alineado con la cultura y los valores del club.

- **Ejemplo:** Un club de golf puede invertir en programas de capacitación para su personal de servicio al cliente, asegurándose de que estén bien informados sobre las ofertas del club y sean capaces de proporcionar una experiencia excepcional a los miembros y golfistas.

2. Programas de Membresía Creativos:
GHX promueve la creación de programas de membresía o servicios creativos que generen ingresos recurrentes y fomenten el valor añadido. Esto implica diseñar programas que se adapten a las diferentes necesidades y preferencias de los jugadores, lo que a su vez influye en la asignación de personal.

- **Ejemplo:** Un club de golf puede ofrecer clases de iniciación, escuela infantil, productos paquetizados u ofertas especiales. La gestión de estos programas requiere un equipo de ventas, operaciones y administración eficiente.

3. Estrategias de Retención del Personal:
La retención del personal es esencial para mantener la cohesión y la calidad del servicio en el club. GHX recomienda la implementación de estrategias de retención que reconozcan y recompensen el desempeño excepcional, así como la creación de un ambiente de trabajo positivo.

- **Ejemplo:** Un club de golf puede establecer un programa de incentivos que reconozca a los empleados destacados con bonificaciones y premios. También puede fomentar un ambiente de trabajo colaborativo y apoyo mutuo.

4. Programas de Trabajo Temporal:
La flexibilidad es clave en la optimización de recursos humanos. Los clubes de golf pueden implementar programas de trabajo temporal durante las temporadas pico o para eventos especiales. Esto permite ajustar la fuerza laboral según la demanda. Busca entre colectivos de estudiantes y encontrarás un activo de calidad.

- Ejemplo: Durante las épocas de temporada alta, un club puede contratar personal adicional temporalmente para cubrir la mayor afluencia de golfistas y garantizar un servicio excepcional.

5. Programación Eficaz:

La programación eficaz del personal implica asignar los recursos humanos de manera óptima para satisfacer las demandas de los miembros y golfistas. Esto implica una planificación cuidadosa de turnos, funciones, horarios y días festivos.

- Ejemplo: Un club de golf puede utilizar herramientas de reservas para predecir la demanda de golfistas en diferentes días y horarios, lo que permite una asignación más precisa del personal.

Impacto en la Rentabilidad:

La optimización de recursos humanos no solo mejora la calidad del servicio, sino que también tiene un impacto directo en la rentabilidad. Al asignar el personal de manera eficiente y garantizar que estén altamente capacitados, los clubes de golf pueden reducir costes operativos innecesarios y, al mismo tiempo, brindar una experiencia excepcional a los clientes.

- Ejemplo: Un club de golf que optimizó su personal y creó un programa de incentivos en base a objetivos de facturación logró un incremento de ventas en Pro-Shop del 135%. Además, convertimos un puesto de trabajo operativo en una posición comercial dentro de la misma posición. Aumentamos la calidad de servicio y redujimos el coste de personal de la unidad de negocio cerca de un 20%.

En resumen, la optimización de recursos humanos es un componente fundamental de la metodología GHX que puede transformar la eficiencia operativa y la rentabilidad de un club de golf. Al seleccionar y formar cuidadosamente al personal, crear programas de incentivos efectivos, retener talento, utilizar trabajadores temporales estratégicamente y programar de manera eficaz, los clubes pueden brindar un servicio excepcional, mejorar la satisfacción de los miembros y golfistas, y aumentar su rentabilidad de manera significativa. Este enfoque estratégico es una de las claves para el éxito sostenible en la industria del golf.

Impacto en el Crecimiento y la Rentabilidad: Conversión de Recursos en Áreas de Negocio:

El primer principio de la metodología GHX, que se centra en la conversión de recursos en áreas de negocio, tiene un impacto profundo en el crecimiento y la rentabilidad de un club de golf. A medida que este principio se implementa y se perfecciona, se pueden observar cambios notables que fortalecen la posición del club en la industria. A continuación, se detalla cómo este principio influye en el crecimiento y la rentabilidad:

1. Aumento de los Ingresos:
La conversión de recursos en áreas de negocio crea nuevas fuentes de ingresos y maximiza las existentes. Esto se logra al identificar oportunidades previamente desaprovechadas y alinear los recursos con los objetivos estratégicos. El aumento de los ingresos proviene de diversas fuentes:

- **Diversificación de Ofertas:** La introducción de nuevos servicios y productos, como paquetes especiales, programas de formación exclusivos y productos que buscan ventas cruzadas, atrae a una audiencia más amplia y genera ingresos adicionales además de un incremento del ticket medio del cliente.

- Optimización de Tarifas y Programación: La segmentación inteligente de recursos permite ajustar las tarifas y la programación para maximizar la demanda y la utilización de instalaciones, lo que se traduce en mayores ingresos por rondas de golf y servicios.

2. Eficiencia Operativa:

La conversión de recursos en áreas de negocio implica una gestión más eficiente de los recursos disponibles. Esto incluye la optimización de las funciones de personal, la utilización de productos y servicios flexibles para adecuar la oferta según la demanda y una asignación precisa de recursos. La digitalización de procesos es fundamental para conseguir la Eficiencia Operativa.

- Reducción de Costes Operativos: La optimización de recursos humanos y físicos conlleva una reducción de costes operativos innecesarios. Los clubes pueden eliminar recursos subutilizados o poco rentables.

- Mejora de la Rentabilidad por jugador: Al diversificar las ofertas y mejorar la experiencia de los miembros, los clubes pueden aumentar la satisfacción y la retención de los clientes, lo que se traduce en ingresos recurrentes y una mayor rentabilidad por usuario.

3. Crecimiento Sostenible:

La aplicación constante del principio 1 permite un crecimiento sostenible a corto, medio y largo plazo. Los clubes de golf que adoptan la metodología GHX experimentan un crecimiento continuo en membresías, asistencia de golfistas y eventos especiales.

- Atracción de Nuevos Segmentos de Audiencia: La diversificación de ofertas y la personalización de programas de membresía atraen a una gama más amplia de golfistas y miembros, incluyendo a las generaciones más jóvenes.

- Rejuvenecimiento de la Demografía: La metodología GHX es eficaz en la reducción de la edad promedio de los miembros, lo que garantiza la vitalidad a largo plazo del club. Además, hay que tener en cuenta que es muy importante tener una buena base infantil en el club. No sólo por los beneficios que puede aportar al club, sinó por el valor social que aporta. La vida familiar y el apoyo a los más pequeños debería ser uno de los principales objetivos de cualquier club de golf.

4. Ventaja Competitiva:

Los clubes de golf que aplican la metodología GHX obtienen una ventaja competitiva significativa en la industria. Al ofrecer servicios únicos, precios competitivos y una experiencia excepcional, pueden destacarse en un mercado competitivo.

- Diferenciación: La diversificación de ofertas y la personalización crean una identidad de club única, lo que atrae a golfistas y miembros que buscan experiencias más allá de las rondas de golf tradicionales.

- Reputación y fidelización: La mejora de la satisfacción del cliente y la reputación del club fortalecen la fidelización de los miembros y golfistas existentes, lo que lleva a un aumento de la retención y la correspondiente reducción en los costes de captación.

La implementación efectiva del primer principio de la metodología GHX tiene un impacto profundo en el crecimiento y la rentabilidad de un club de golf. A través de la generación de ingresos adicionales, la optimización de costes operativos, el crecimiento sostenible y la ventaja competitiva, los clubes pueden prosperar en un mercado en constante cambio y ofrecer experiencias excepcionales a sus miembros y golfistas. Este enfoque estratégico es una de las claves para el éxito continuo en la industria del golf.

El principio de conversión de recursos en áreas de negocio de la metodología GHX es una estrategia poderosa que puede transformar un club de golf en un negocio más eficiente y rentable. Al identificar el potencial de ingresos de cada recurso, diversificar las ofertas y optimizar el personal, los clubes pueden experimentar un crecimiento significativo y mejorar la satisfacción de sus miembros y golfistas. Este enfoque innovador es una de las claves para el éxito sostenible en la industria del golf.

Principio 2: Análisis Integral de la Estructura del Club

El segundo principio clave de GHX es el análisis exhaustivo de la estructura del club de golf. Esto implica un examen profundo de cada componente, desde la gestión del personal hasta la infraestructura física y los objetivos estratégicos. ¿Cómo se lleva a cabo este análisis?

Evaluación de Recursos - Optimización y Alcance Estratégico:

El segundo principio fundamental de la metodología GHX se centra en la Evaluación de Recursos. Este principio reconoce la importancia de analizar y comprender a fondo los recursos disponibles en un club de golf antes de tomar decisiones estratégicas. La Evaluación de Recursos implica una revisión en profundidad de todos los activos y capacidades del club para determinar cómo pueden utilizarse de manera óptima. A continuación, se detallan los aspectos clave de este principio:

1. Análisis de Recursos Físicos:

La Evaluación de Recursos comienza con un análisis detallado de los activos físicos del club de golf. Esto incluye el campo de golf en sí, las instalaciones auxiliares como restaurante, tienda de golf, zona de prácticas, escuela, gimnasio, piscina, otras equipaciones deportivas, espacios para eventos, así como el estado de mantenimiento y la capacidad de ampliación.

- **Ejemplo:** Un club de golf puede evaluar la condición de sus instalaciones, identificar áreas que necesitan mejoras y considerar si tienen espacio para expandir sus instalaciones o agregar nuevas características, como un área de juegos para niños, un gimnasio o unas pistas de padel.

2. Evaluación de Recursos Humanos:

Este aspecto se centra en la evaluación de la fuerza laboral del club, incluyendo habilidades, experiencia y disponibilidad. También implica considerar cómo se pueden asignar de manera efectiva los recursos humanos para satisfacer las demandas cambiantes de los miembros y golfistas.

- **Ejemplo:** Un club puede determinar si su personal de mantenimiento tiene la experiencia necesaria para mantener campos de golf de alta calidad o si es necesario invertir en capacitación adicional.

3. Evaluación de Recursos Financieros:

La Evaluación de Recursos incluye un análisis exhaustivo de la salud financiera del club. Esto implica revisar los estados financieros, identificar áreas de inversión y analizar el flujo de efectivo para garantizar que el club tenga los recursos necesarios para implementar estrategias de mejora.

- **Ejemplo:** El club puede identificar la necesidad de asignar fondos para renovar su zona de prácticas o para financiar la expansión de instalaciones. Una vez definido el modelo y la estrategia, podemos crear productos que nos ayuden a conseguir nuestros hitos.

4. Evaluación de Recursos Tecnológicos:

En la era digital, la tecnología desempeña un papel importante en la gestión de un club de golf. La Evaluación de Recursos también incluye la revisión de las soluciones tecnológicas disponibles y cómo pueden utilizarse para mejorar la eficiencia operativa y la experiencia del cliente.

- **Ejemplo:** Un club puede considerar la implementación de un sistema de reserva en línea para tee times o el uso de aplicaciones móviles para proporcionar información en tiempo real a los golfistas o como herramienta de comunicación. Una de las herramientas que optimizarán los recursos en la recepción de tu club es la digitalización de torneos y la tarjeta digital.

5. Análisis de Mercado y Competencia:
La Evaluación de Recursos también implica un análisis del mercado y la competencia. Esto incluye comprender las tendencias en la industria del golf, la demanda de los golfistas y cómo el club se compara con otros competidores en la región.

- **Ejemplo:** El club puede descubrir que hay una creciente demanda de golfistas que buscan experiencias familiares, lo que podría llevar a la expansión de instalaciones para niños y la creación de programas familiares. Analiza bien la competencia y busca productos que te ayuden a diferenciarte.

Impacto Estratégico:

La Evaluación de Recursos tiene un impacto estratégico significativo en la toma de decisiones del club de golf. Al comprender a fondo los activos, habilidades y limitaciones del club, se pueden tomar decisiones más informadas y estratégicas. Esto incluye:

- Identificar oportunidades de crecimiento y mejora.
- Determinar la viabilidad de proyectos de expansión.
- Asignar recursos de manera efectiva para maximizar la rentabilidad.
- Adaptarse a las tendencias del mercado y las necesidades de los clientes.

La Evaluación de Recursos, como segundo principio de la metodología GHX, es esencial para el éxito a largo plazo de un club de golf. Al comprender y optimizar los recursos físicos, humanos, financieros y tecnológicos, el club puede tomar decisiones estratégicas más sólidas que aumenten su rentabilidad y su capacidad para satisfacer las necesidades cambiantes de los golfistas y miembros. Este enfoque estratégico es fundamental para la evolución y el crecimiento sostenible en la industria del golf.

Alineación con los Objetivos: Evaluación de Recursos

El segundo principio de la metodología GHX, que se enfoca en la Evaluación de Recursos, está intrínsecamente vinculado a la alineación con los objetivos del club de golf. Este principio reconoce que antes de tomar decisiones estratégicas, es esencial comprender completamente los recursos disponibles y cómo se pueden aprovechar para alcanzar los objetivos establecidos. Aquí está cómo se logra esta alineación:

1. Identificación de Objetivos Claros:

Antes de embarcarse en la Evaluación de Recursos, el club de golf debe tener objetivos claros y definidos. Esto puede incluir metas de crecimiento en membresías, incremento de ingresos, mejora de la experiencia del cliente o expansión de instalaciones. Los objetivos proporcionan una guía para determinar qué recursos son necesarios y cómo se deben asignar.

2. Evaluación de Recursos en Función de los Objetivos:

La Evaluación de Recursos implica revisar todos los activos del club y determinar cómo pueden contribuir a la consecución de los objetivos. Por ejemplo, si el objetivo es aumentar la facturación, se debe evaluar en qué áreas hacerlo, qué recursos necesitaremos para llevarlo a cabo y qué tipo de producto nos puede ayudar a conseguir el objetivo a partir de los recursos que tengamos infrautilizados.

3. Priorización de Recursos:

Una vez que se han identificado los recursos y su potencial contribución a los objetivos, se priorizan de acuerdo con su relevancia y capacidad para alcanzar los objetivos establecidos. Esto permite una asignación efectiva de recursos y esfuerzos.

4. Desarrollo de Estrategias Alineadas:

Basándose en la evaluación de recursos y la priorización, el club de golf desarrolla estrategias que están alineadas directamente con los objetivos establecidos. Por ejemplo, si el objetivo es aumentar los ingresos en un momento muy concreto, se pueden desarrollar estrategias de marketing específicas y productos de alta capacidad de facturación que generen esos ingresos adicionales tan necesarios.

5. Seguimiento y Medición de Resultados:

Una vez que se han implementado las estrategias, es fundamental realizar un seguimiento y medir los resultados para asegurarse de que están alineados con los objetivos. Esto implica el uso de KPIs (Indicadores Clave de Rendimiento) para evaluar el progreso hacia la consecución de los objetivos.

Impacto en la Alineación de Objetivos:

La alineación con los objetivos del club de golf es un componente fundamental de la Evaluación de Recursos y tiene un impacto directo en el éxito general del club:

- Enfoque Estratégico: La Evaluación de Recursos garantiza que todos los recursos estén dirigidos estratégicamente hacia la consecución de los objetivos. Esto evita la dispersión de esfuerzos en áreas que no contribuyen directamente a los objetivos.

- Uso Eficiente de Recursos: Al alinear los recursos con los objetivos, el club de golf utiliza sus recursos de manera más eficiente, maximizando el retorno de la inversión y reduciendo costes innecesarios.

- Medición del Éxito: La alineación facilita la medición del éxito. Si los recursos se utilizan para alcanzar los objetivos establecidos, los resultados se vuelven medibles y cuantificables.

- Adaptabilidad: La Evaluación de Recursos permite que el club de golf sea más adaptable a los cambios en los objetivos o las condiciones del mercado. Si los objetivos cambian, se pueden ajustar las estrategias y la asignación de recursos en consecuencia.

En resumen, la Evaluación de Recursos, como segundo principio de la metodología GHX, es esencial para garantizar que el club de golf esté alineado de manera efectiva con sus objetivos. Al comprender plenamente los recursos disponibles y cómo se pueden utilizar para alcanzar esos objetivos, el club puede tomar decisiones estratégicas más informadas y maximizar su capacidad para prosperar en la consecución de sus metas.

Evaluación del Rendimiento: Evaluación de Recursos

La Evaluación del Rendimiento en el contexto del segundo principio de la metodología GHX, que se centra en la Evaluación de Recursos, es esencial para garantizar que el club de golf alcance sus objetivos de manera efectiva y eficiente. La evaluación continua y el seguimiento de cómo se están utilizando los recursos son pasos críticos en este proceso. A continuación, se detalla cómo se lleva a cabo la evaluación del rendimiento:

1. Establecimiento de KPIs (Indicadores Clave de Rendimiento):
El primer paso en la evaluación del rendimiento es definir indicadores clave que ayuden a medir el progreso hacia los objetivos. Estos KPIs deben ser específicos, medibles, alcanzables, relevantes y estar limitados en el tiempo (SMART, por sus siglas en inglés). Los KPIs pueden variar según los objetivos del club, pero podrían incluir el aumento de ingresos, la retención de miembros, la satisfacción del cliente o la eficiencia operativa.

2. Recopilación de Datos:
Se recopilan datos relevantes para medir los KPIs establecidos. Esto puede incluir datos financieros, informes de membresía, encuestas de satisfacción del cliente, métricas de asistencia de golfistas y otros datos operativos. No te estreses intentando analizar todos los datos posibles. Céntrate en tus objetivos y analiza sólo los datos que aportarán luz a tus objetivos. Encontrarás información más adelante acerca de los datos que debes analizar según el perfil de campo que quieres tener.

3. Análisis de Datos:

Los datos recopilados se analizan de manera sistemática para evaluar el rendimiento del club en relación con los KPIs establecidos. Este análisis puede revelar áreas en las que el club está funcionando bien y áreas en las que se requieren mejoras. Por ejemplo, si eres un profesional relacionado con la enseñanza del golf, no dudes en pedir acceso a las herramientas de digitalización de tu club que te permitan analizar tu estructura de ventas.

4. Identificación de Tendencias y Desviaciones:

La Evaluación del Rendimiento implica la identificación de tendencias a lo largo del tiempo y desviaciones con respecto a los objetivos. Por ejemplo, si el objetivo es aumentar la retención de miembros en un 10%, la evaluación puede revelar si el club está en camino de alcanzar esa cifra o si se necesita un ajuste en las estrategias.

5. Acciones Correctivas y Ajustes Estratégicos:

Si los resultados de la evaluación indican que no estamos alcanzando los objetivos establecidos, se deben tomar acciones correctivas. Estas acciones pueden incluir ajustes en las estrategias, cambios en la asignación de recursos o la implementación de nuevas iniciativas. Sólo 4 de cada 10 iniciativas comerciales obtienen resultados óptimos. No desistas en tu empeño de encontrar la solución que mejor se adapte a tu perfil de cliente u objetivo. Cuando encuentres la que funciona, insiste.

6. Comunicación y Retroalimentación:

La Evaluación del Rendimiento no debe ser un proceso aislado. Es importante comunicar los resultados a todo el equipo del club de golf y recopilar retroalimentación. Los empleados y miembros pueden ofrecer ideas valiosas sobre cómo mejorar el rendimiento. Por ejemplo, el personal de recepción puede darnos información acerca de una oferta que no haya funcionado. Haciendo una pequeña modificación, puede que algo que no servía, se convierta en uno de nuestros productos estrella.

7. Ciclo Continuo de Evaluación:
La Evaluación del Rendimiento es un ciclo continuo. A medida que se toman medidas correctivas y se ajustan las estrategias, se vuelve a evaluar el rendimiento para asegurarse de que se mantenga en el camino hacia la consecución de los objetivos.

Beneficios de la Evaluación del Rendimiento:

- **Mejora la Toma de Decisiones:** La evaluación continua proporciona información valiosa que respalda la toma de decisiones informadas y estratégicas.

- **Optimiza la Eficiencia:** Permite identificar y corregir ineficiencias en la asignación de recursos y operaciones.

- **Alinea con objetivos:** Garantiza que el club esté constantemente alineado con sus objetivos y adapta las estrategias según sea necesario.

- **Fomenta la Mejora Continua:** Facilita la mejora continua en todas las áreas del club de golf, desde la experiencia del cliente hasta la gestión de recursos.

La Evaluación del Rendimiento en el contexto del segundo principio de la metodología GHX, Evaluación de Recursos, es un proceso esencial para garantizar que el club de golf alcance sus objetivos de manera efectiva y eficiente. A través de la recopilación y el análisis de datos, la identificación de tendencias y desviaciones, y la implementación de acciones correctivas, el club puede mantenerse en un camino de mejora continua y éxito sostenible en la industria del golf.

Ampliación de los Principios Clave: Datos Estadísticos y Crecimiento

El segundo principio de la metodología GHX, Evaluación de Recursos, es esencial para la toma de decisiones estratégicas en un club de golf. Uno de los aspectos más destacados de este principio es la importancia de utilizar datos estadísticos para guiar las decisiones y lograr un crecimiento sostenible. A continuación, se amplía este principio con énfasis en la relevancia de los datos estadísticos y el crecimiento:

Utilización de Datos Estadísticos:
La Evaluación de Recursos se beneficia enormemente de la recopilación y el análisis de datos estadísticos precisos. Los datos pueden provenir de diversas fuentes, como registros financieros, informes de nuestra plataforma de gestión y reservas, encuestas de satisfacción y métricas de asistencia de golfistas. Estos datos proporcionan información objetiva sobre el desempeño actual del club y pueden ayudar a identificar tendencias a lo largo del tiempo.

- Ejemplo: El análisis de datos puede revelar que las tarifas de membresía han aumentado en un 15% en los últimos dos años o que tenemos un incremento de jugadores alemanes. Estos datos nos pueden ayudar a ver qué campañas de publicidad están funcionando o la razón de los incrementos.

Crecimiento Basado en Datos:
La Evaluación de Recursos permite que el crecimiento de nuestro negocio esté respaldado por datos sólidos en lugar de decisiones intuitivas. Algunos aspectos clave relacionados con el crecimiento basado en datos incluyen:

1. Identificación de Oportunidades de Crecimiento: Los datos estadísticos pueden ayudar a identificar oportunidades de crecimiento que de otro modo podrían pasarse por alto. Por ejemplo, si las métricas de asistencia de golfistas muestran un aumento en la demanda de jugadores alemanes, el club puede analizar la razón del incremento para poder ofrecer paquetes especiales para atraer a más golfistas de esa nacionalidad.

2. Diversificación de Ofertas: Los datos también pueden guiar la diversificación de ofertas. Si los datos de satisfacción del cliente indican que los miembros desean experiencias gastronómicas de alta calidad, el club podría considerar la creación de torneos con degustaciones gourmet o cena de gala como parte de su estrategia de crecimiento.

3. Eficiencia en la asignación de recursos: La Evaluación de Recursos, respaldada por datos, permite una asignación más eficiente de recursos. Si se observa que una parte significativa de los miembros utiliza el campo de prácticas, el club podría asignar recursos adicionales a su mantenimiento y mejora. Por lo contrario, si analizamos que nos está dando un rendimiento pobre, podemos analizar su potencial y preparar una campaña con los profesionales de la escuela para incrementar su facturación.

Impacto en el crecimiento:
El enfoque en la utilización de datos estadísticos para respaldar el crecimiento tiene un impacto significativo en la capacidad del club de golf para prosperar:

- Crecimiento más efectivo: El crecimiento basado en datos es más efectivo y sostenible, ya que se basa en información objetiva en lugar de suposiciones.

- Reducción de riesgos: La toma de decisiones basada

en datos reduce el riesgo de inversiones costosas que no están respaldadas por una demanda real.

- Satisfacción del cliente: La personalización de ofertas basada en datos estadísticos puede mejorar la satisfacción del cliente, lo que a su vez fomenta el crecimiento mediante la retención de miembros y la atracción de nuevos golfistas.

Ejemplo de Crecimiento Basado en Datos:
Imaginemos que un club de golf analiza sus datos y descubre que el 70% de sus miembros son golfistas ávidos interesados en mejorar su juego. Con base en esta información, el club decide ofrecer un programa de entrenamiento personalizado y lecciones de golf con tarifas competitivas. A medida que los miembros comienzan a participar en este programa y a experimentar mejoras en su juego, el club observa un aumento en la satisfacción de los miembros y un crecimiento significativo en la participación en torneos. Esto demuestra cómo el crecimiento basado en datos puede ser altamente efectivo.

La Evaluación de Recursos, respaldada por datos estadísticos, es esencial para lograr un crecimiento sólido y sostenible en un club de golf. Los datos permiten una toma de decisiones más informada, la identificación de oportunidades de crecimiento y la personalización de ofertas que mejoren la satisfacción de los miembros y golfistas. Este enfoque basado en datos es una de las claves para el éxito en la industria del golf.

Crecimiento Sostenible: Evaluación de Recursos

Uno de los aspectos más cruciales del segundo principio de la metodología GHX, la Evaluación de Recursos, es su papel en la promoción del crecimiento sostenible en un club de golf. El crecimiento sostenible se refiere a un aumento constante y responsable en las membresías, la calidad de servicio y los ingresos mediante venta externa a lo largo del tiempo, sin comprometer la calidad ni los recursos del club. Veamos cómo este principio contribuye al crecimiento sostenible.

1. Identificación de Oportunidades de Crecimiento Responsable:
La Evaluación de Recursos permite al club de golf identificar oportunidades de crecimiento que estén en línea con su capacidad y recursos actuales. Esto significa que el club puede enfocarse en estrategias de crecimiento que no pongan en riesgo su estabilidad financiera o la calidad de sus servicios.

- Ejemplo: Un club de golf que ha evaluado sus recursos y ha identificado áreas disponibles para la expansión puede optar por agregar nueve hoyos adicionales al campo en lugar de un proyecto de 18 hoyos completo, lo que representa un crecimiento más manejable y sostenible. Puede que invertir en la iluminación de algunos hoyos para disponer de más horas de explotación durante los meses de invierno sea otra alternativa a la contrucción de 9 hoyos.

2. Diversificación de Ofertas para Atraer Nuevos Segmentos de Audiencia:
La Evaluación de Recursos también puede revelar oportunidades para diversificar las ofertas del club. Esto puede incluir la introducción de ofertas de golf ligadas a la gastronomía, torneos especiales, experiencias culinarias, o actividades para atraer a una audiencia más amplia, como familias o golfistas jóvenes.

- Ejemplo: Un club de golf con una zona de prácticas de calidad puede ofrecer programas de golf de tecnificación. Si buscamos un perfil de cliente inernacional podemos atraer a un nuevo grupo de golfistas que nos aporten un negocio distinto y generen nuevas necesidades entre nuestro perfil de cliente actual.

3. Uso Eficiente de Recursos para Maximizar el Retorno de la Inversión:

La Evaluación de Recursos implica una asignación efectiva de recursos para maximizar el retorno de la inversión. Esto es crucial para el crecimiento sostenible, ya que evita el desperdicio de recursos en áreas que no contribuyen de manera significativa al crecimiento o la mejora del club.

- Ejemplo: Si el club determina que un campo de prácticas mejorado es esencial para atraer a más golfistas, puede invertir en su mejora en lugar de gastar recursos en áreas que no tienen un impacto directo en el crecimiento. Si no tienes claras las áreas en las que debes invertir, intenta crear dos o tres productos para cada área que consideres interesante, valora su rendimiento e invierte en la que te ofrezca mayor beneficio.

4. Fomento de la Fidelización de los Miembros y Golfistas:

La Evaluación de Recursos también puede llevar a una mejora en la satisfacción de los miembros y golfistas a través de servicios personalizados y mejoras en la experiencia. Esto, a su vez, fomenta la fidelización de los clientes existentes y el boca a boca positivo, lo que contribuye al crecimiento sostenible a largo plazo.

5. Medición del Progreso y Ajuste Continuo:

La Evaluación de Recursos incluye la medición del progreso a través de indicadores clave de rendimiento (KPIs). Esto permite al club ajustar sus estrategias y enfoques a medida que avanza. La adaptabilidad es esencial para mantener un crecimiento sostenible.

- Ejemplo: Si estableces un KPI de aumentar la

facturación un 20% anual y solo logras un aumento del 12% en el primer trimestre, puedes ajustar tus estrategias para cerrar la brecha en los siguientes trimestres. Analiza los incrementos trimestralmente para tener una referencia más ajustada a la realidad, que te ofrezca una visión más realista de tu actividad.

Impacto en el Crecimiento Sostenible:
El impacto de la Evaluación de Recursos en el crecimiento sostenible es profundo:

- Crecimiento Continuo: Permite un crecimiento constante a lo largo del tiempo sin sobrecargar al club o comprometer su calidad.

- Estabilidad Financiera: Evita decisiones impulsivas que puedan llevar a problemas financieros a largo plazo.

- Mejora de la Experiencia del Cliente: Mejora la satisfacción del cliente y la fidelización, lo que conduce a un crecimiento sostenible a través de la retención y la atracción de nuevos clientes.

- Adaptabilidad: Flexibiliza tus productos y servicios para facilitar la adaptación de tus usuarios a las novedades.

En resumen, la Evaluación de Recursos, como parte del segundo principio de la metodología GHX, es esencial para el crecimiento sostenible de un club de golf. Al identificar oportunidades de crecimiento responsables, diversificar ofertas, utilizar eficientemente los recursos y medir el progreso, el club puede crecer de manera constante y mantener su éxito en la industria del golf a lo largo del tiempo.

Rejuvenecimiento de la Demografía: Evaluación de Recursos

Uno de los objetivos clave que puede lograr el segundo principio de la metodología GHX, la Evaluación de Recursos, es el rejuvenecimiento de la demografía de los miembros y golfistas en un club de golf. Esto se refiere a la estrategia de atraer a una audiencia más joven y dinámica al club, lo que no solo contribuye al crecimiento sostenible, sino que también garantiza la continuidad y la vitalidad de la institución a lo largo del tiempo. A continuación, se explica cómo este principio puede facilitar el rejuvenecimiento de la demografía:

1. Identificación de Segmentos Demográficos Objetivo:
La Evaluación de Recursos implica una revisión en profundidad de la demografía actual de los miembros y golfistas del club. A través de esta evaluación, el club puede identificar los segmentos demográficos más jóvenes que podrían estar subrepresentados y que podrían ser un objetivo estratégico para el rejuvenecimiento.

- **Ejemplo:** Si la evaluación muestra que la mayoría de los miembros son mayores de 60 años, es un indicativo claro de que no tienes productos para gente joven y necesitas rejuvenecete. Intenta segmentar de 2 a 16 años, de 16 a 25, de 25 a 40, de 40 a 60 y más de 60 años.

2. Desarrollo de Ofertas Atractivas para Audiencias Más Jóvenes:
Basándose en los datos recopilados durante la Evaluación de Recursos, el club puede desarrollar ofertas y programas específicos que sean atractivos para audiencias más jóvenes. Esto podría incluir tarifas de membresía con descuentos para jóvenes adultos, ofertas espaciales, eventos temáticos o programas de aprendizaje de golf adaptados a sus necesidades.

- **Ejemplo:** Podrías lanzar un programa de membresía "Millennials Golf" que incluya beneficios como acceso exclusivo a ciertos horarios de tee y descuentos en instalaciones de entretenimiento.

3. Comunicación y Marketing Dirigido a Audiencias Más Jóvenes:
La comunicación y el marketing desempeñan un papel importante en atraer a audiencias más jóvenes. El club puede utilizar las redes sociales, la publicidad en línea y estrategias de marketing específicas para llegar a estas audiencias de manera efectiva y destacar las ofertas diseñadas para ellos.

- **Ejemplo:** Olvídate de Facebook o Instagram. Lo que buscas ya no está allí. La tecnología y las redes sociales van muy rápido. Analiza qué canal es el adecuado para llegar a tu audiencia objetiva y lanza allí tus promociones. Ten en cuenta que puedes tener promociones específicas para cada canal de comunicación.

4. Creación de una Experiencia Relevante y Atractiva:
La Evaluación de Recursos puede revelar áreas en las que el club puede mejorar la experiencia para los golfistas más jóvenes. Esto podría incluir mejoras en instalaciones, tecnología o incluso la adopción de prácticas más ágiles en la gestión y operación del club.

- **Ejemplo:** El club podría invertir en sistemas de reserva en línea para tee times y una aplicación móvil que permita a los golfistas jóvenes acceder a información en tiempo real sobre el estado del campo y las condiciones. Tienes herramientas para resultados en tiempo real, gamificación de la zona de prácticas y muchas otras alternativas.

Impacto en el Rejuvenecimiento de la Demografía:
El enfoque en el rejuvenecimiento de la demografía tiene un impacto significativo en el club de golf:

- **Crecimiento sostenible:** La atracción de una

audiencia más joven contribuye al crecimiento sostenible al diversificar la base de miembros y golfistas.

- **Vitalidad a largo plazo:** El rejuvenecimiento de la demografía garantiza que el club mantenga su vitalidad y relevancia a medida que la generación más joven se convierte en una parte más grande de la población de golfistas.

- **Diversificación de ingresos:** El atractivo para una audiencia más joven puede llevar a una mayor diversificación de ingresos a través de programas y servicios adicionales que satisfagan sus necesidades e intereses.

- **Sostenibilidad financiera:** Al atraer a nuevos miembros más jóvenes, el club puede garantizar su sostenibilidad financiera a largo plazo.

En resumen, el rejuvenecimiento de la demografía es un objetivo estratégico importante que puede lograrse a través de la Evaluación de Recursos, como parte del segundo principio de la metodología GHX. Al identificar segmentos demográficos más jóvenes, desarrollar ofertas atractivas y utilizar estrategias de marketing específicas, el club puede mantenerse relevante y experimentar un crecimiento sostenible a lo largo del tiempo.

Fusión de Metodologías Ágiles y Growth Hacking:

El segundo principio de la metodología GHX, la Evaluación de Recursos, se destaca por su enfoque en la fusión de metodologías ágiles y growth hacking para lograr un crecimiento efectivo y sostenible en un club de golf. Esta fusión representa una poderosa combinación de enfoques estratégicos que pueden impulsar el éxito. A continuación, se detalla cómo la combinación de metodologías ágiles y growth hacking puede beneficiar la

Evaluación de Recursos:

1. Enfoque Ágil en la Evaluación de Recursos:
El enfoque ágil se centra en la flexibilidad, la colaboración y la adaptabilidad en la gestión de proyectos y procesos. Al aplicar el enfoque ágil en la Evaluación de Recursos, el club de golf puede:

- Realizar evaluaciones rápidas y regulares de sus recursos y estrategias.
- Adaptar sus estrategias según sea necesario para responder a cambios en el mercado o las preferencias de los miembros y golfistas.
- Fomentar la colaboración entre diferentes equipos y departamentos del club para una toma de decisiones más ágil.

2. Utilización del Growth Hacking para la Identificación de Oportunidades:
El Growth Hacking trata de encontrar formas creativas y escalables de impulsar el crecimiento. Cuando se combina con la Evaluación de Recursos, esto puede implicar:

- Identificar oportunidades no convencionales para atraer a nuevos miembros y golfistas.
- Experimentar con estrategias innovadoras de adquisición de clientes.
- Utilizar datos y métricas para iterar rápidamente en las estrategias de crecimiento y mejorar su efectividad.

3. Iteración Continua y Experimentación:

Tanto el enfoque ágil como el growth hacking promueven la iteración continua y la experimentación. En el contexto de la Evaluación de Recursos, esto se traduce en:

- Evaluar y ajustar constantemente las estrategias de crecimiento en función de los datos y el rendimiento.
- Probar diferentes enfoques para atraer a nuevos miembros y retener a los existentes.
- Aprender de los éxitos y fracasos, y aplicar ese aprendizaje para mejorar las estrategias futuras.

4. Enfoque en Resultados Medibles:

Tanto el growth hacking como el enfoque ágil ponen un fuerte énfasis en la medición y la obtención de resultados. Esto significa que el club de golf puede:

- Establecer KPIs claros para evaluar el rendimiento de las estrategias de crecimiento.
- Utilizar herramientas de análisis y seguimiento para medir el impacto de las iniciativas de manera efectiva.
- Ajustar estrategias según los datos y las métricas para garantizar resultados positivos.

Atención: Dimensiona el análisis de tus métricas según tus recursos. No es lo mismo tener un equipo de 8 personas en un departamento de marketing que ser el único comercial disponible. Eso no significa que no debas analizar resultados, sólo que debes filtrarlos según su importancia para poder usarlos progresivamente.

5. Adaptación a las Cambiantes Condiciones del Mercado:

La fusión de metodologías ágiles y growth hacking permite al club de golf adaptarse rápidamente a las cambiantes condiciones del mercado y las preferencias de los miembros y golfistas. Esto es esencial para el crecimiento sostenible a largo plazo, ya que el mercado del golf puede ser dinámico.

Impacto de la Fusión de Metodologías:

La fusión de metodologías ágiles y growth hacking tiene un impacto significativo en el éxito de la Evaluación de Recursos y, por ende, en el crecimiento del club de golf:

- **Mayor Eficiencia:** Permite una toma de decisiones más rápida y eficiente.
- **Mayor Innovación:** Fomenta la creatividad y la búsqueda de soluciones novedosas.
- **Resultados Medibles:** Facilita la medición y mejora constante del rendimiento.
- **Adaptabilidad:** Ayuda al club a mantenerse competitivo en un mercado en constante cambio.

La fusión de metodologías ágiles y growth hacking en el segundo principio de la metodología GHX, la Evaluación de Recursos, es esencial para impulsar un crecimiento efectivo y sostenible en un club de golf. Este enfoque ágil y orientado a resultados permite al club adaptarse rápidamente a las cambiantes condiciones del mercado y experimentar con estrategias innovadoras para alcanzar sus objetivos de crecimiento.

La metodología GHX ha demostrado su capacidad para impulsar un crecimiento asombroso en la industria del golf. Numerosos clubes que han adoptado esta metodología han experimentado tasas de crecimiento anual de más del 40%. Esto es un testimonio del impacto positivo que GHX puede tener en el rendimiento financiero de un club de golf.

Las áreas de mayor crecimiento son:

Driving Range: 160%
Pro Shop: 129%
Alquileres: 50%
Escuela: 40%
Green Fees: 29%
Membresía: 19%

2 APLICACIÓN PRÁCTICA Y CASOS DE ÉXITO

Vamos a profundizar en la aplicación práctica de los principios clave de la metodología GHX en la industria del golf. Aprenderás cómo la conversión de recursos en áreas de negocio independientes y el análisis de datos alineados con los objetivos del cliente pueden generar un crecimiento excepcional y transformar costes estructurales en oportunidades de negocio concretas.

Para comprender mejor cómo GHX puede revolucionar la gestión de un club de golf y aumentar sus ingresos, consideremos algunos casos de éxito concretos:

Caso 1: Conversión de Recursos en Oportunidades de Ingresos

Imagina un club de golf que tradicionalmente veía sus diferentes áreas solo como espacios de juego. Aplicando GHX, este club puede reconocer el potencial de cada área como una entidad de negocio independiente. GHX ha permitido realizar cambios sustanciales en las zona de prácticas mediante automatizaron procesos y mejora de la escuela de golf. Hemos tenido casos en los que se han convertido costes estructurales en centros de negocio independientes. Un ejemplo claro sería la reducción de costes del área de operaciones de un club mediante la implantación de un buggy bar. Esta decisión, con un coste ínfimo de implantación, reducjo los costes un 20%, aumentó la calidad de servicio en el campo, mejoró los procesos de control de salidas y redujo el tiempo medio por vuelta. Pequeñas mejoras pueden ofrecer grandes beneficios.

Caso 2: Análisis de Datos para la Toma de Decisiones Estratégicas

Otro ejemplo revelador es un club de golf que enfrentaba una disminución en las membresías y la asistencia. Utilizando GHX, comenzaron a recopilar y analizar datos detallados sobre las preferencias de los miembros, los patrones de juego y los hábitos de gasto en el club. Este análisis les permitió ajustar sus ofertas de membresía y programas de fidelización de manera precisa. Como resultado, lograron aumentar la retención de miembros en un 25% y experimentaron un incremento del 15% en las ventas en el restaurante y de más del 120% en la Pro Shop, gracias a una mejor comprensión de las preferencias de los golfistas.

Estos casos de éxito ejemplifican cómo GHX se traduce en estrategias concretas que generan resultados tangibles en la industria del golf. Ya sea a través de la conversión de recursos en oportunidades de ingresos, el análisis de datos estratégicos o la diversificación de servicios, la metodología GHX ofrece una hoja de ruta clara para transformar tu negocio de golf y alcanzar un crecimiento excepcional.

Si eres el responsable de una área de negocio, analiza bien tus oportunidades. Con la metodología GHX puedes obtener grandes cambios.

Caso 3: Aplicación de GHX para la Transformación de un Club de Golf con Problemas de Comunicación y Sin Estrategia Comercial Definida

En este caso práctico, exploraremos cómo un club de golf aplicó la metodología GHX, fusionada con enfoques de metodologías ágiles, para superar problemas de comunicación y carencia de una estrategia comercial sólida. Gracias a la implementación de procedimientos ágiles, el club no solo logró compensar sus deficiencias sino que también creó productos de valor añadido que impulsaron su éxito financiero.

Escenario Inicial:

El club de golf se encontraba en una situación problemática. Sus ventas estaban disminuyendo y carecían de una estrategia comercial efectiva para atraer a nuevos miembros y golfistas. Además, enfrentaban desafíos en la comunicación interna y externa, lo que resultaba en malentendidos entre el personal y los miembros.

Implementación de GHX y Metodologías Ágiles:

El club decidió adoptar la metodología GHX fusionada con enfoques de metodologías ágiles para abordar sus desafíos. GHX proporcionó el marco estratégico y empresarial necesario, mientras que las metodologías ágiles brindaron la flexibilidad y la capacidad de respuesta requerida para abordar problemas de comunicación y definir una estrategia comercial efectiva.

Paso 1: Identificación de Desafíos de Comunicación y Estratégicos

El club comenzó por realizar un análisis exhaustivo de sus desafíos de comunicación interna y externa. Realizaron entrevistas con el personal y encuestas de satisfacción con los miembros para comprender mejor las áreas problemáticas. Al mismo tiempo, llevaron a cabo un análisis de mercado para identificar oportunidades no aprovechadas en su estrategia comercial.

Paso 2: Desarrollo de un Enfoque Ágil de Comunicación Interna

Para abordar los problemas de comunicación interna, el club implementó métodos ágiles como reuniones periódicas de equipo y diferentes mecanismos para el seguimiento de tareas. Estos enfoques permitieron una comunicación más fluida y transparente entre los diferentes departamentos y ayudaron a resolver malentendidos.

Paso 3: Definición de Estrategia Comercial GHX

Para la estrategia comercial, el club adoptó un enfoque ágil para adaptarse rápidamente a las demandas del mercado. Utilizaron sprints y pruebas piloto para lanzar y ajustar rápidamente nuevas ofertas y promociones. Esto les permitió probar diferentes enfoques y medir su efectividad en tiempo real. Nuestra metodología permite realizar acciones comerciales con análisis de resultados en 2-3 semanas. Una vez analizados los resultados, eliminamos la campaña, la modificamos o la potenciamos.

Resultado:

La aplicación de GHX y metodologías ágiles resultó en una transformación notable para el club de golf. En el lado de la comunicación, la implementación de métodos ágiles mejoró drásticamente la comunicación interna, lo que llevó a una mayor colaboración entre los departamentos y una **comprensión más clara de los objetivos comunes**.

En cuanto a la estrategia comercial, el enfoque ágil permitió al club adaptarse rápidamente a las necesidades de los golfistas y miembros. Crearon productos y servicios de valor añadido que incluían clases de golf de iniciación, programas de fidelización, paquetes de ofertas segmentados por edad y localización, productos de valor añadido para la estrategia a corto plazo y eventos temáticos. Estos cambios llevaron a un aumento casi inmediato en la facturación y una mayor participación de los golfistas, compensando así las dificultades financieras anteriores. El tercer mes de implantación, hubo un incremento de casi el 100% sobre el mismo ejercicio del año anterior.

En resumen, este caso demuestra cómo la combinación de GHX y enfoques ágiles puede ser una solución efectiva para abordar problemas de comunicación y estrategia comercial en un club de golf. La flexibilidad y la adaptabilidad de las metodologías ágiles permitieron al club superar obstáculos y crear valor añadido, lo que resultó en un aumento en los ingresos y el éxito financiero.

3 MAXIMIZANDO EL ÉXITO FINANCIERO CON GHX

En este capítulo, exploraremos cómo la metodología GHX puede aplicarse de manera efectiva para maximizar el éxito financiero en la industria del golf. A medida que profundizamos en casos de éxito específicos y estrategias probadas, descubrirás cómo transformar tu negocio dentro de la industria del golf en una máquina de generación de ingresos.

Sección 1: Aumento de Ingresos a Través de la Diversificación de Ofertas

En esta sección, nos sumergimos en estrategias específicas que te ayudarán a diversificar tus ofertas y, como resultado, aumentar tus ingresos en el club de golf. La base de esta estrategia es la conversión de recursos en áreas de negocio independientes, un principio fundamental de la metodología GHX.

Casos de Éxito en la Diversificación de Ofertas

1. Programas de Membresía Personalizados:

Un enfoque exitoso para aumentar los ingresos es la creación de programas de membresía personalizados. En lugar de ofrecer un único tipo de membresía, analiza las preferencias y necesidades de tus golfistas y crea diferentes niveles de membresía. Normalmente encontrarás membresías familiares, de fin de semana, de temporada baja o incluso membresías para golfistas principiantes. Con membresías segmentadas por edades, analizando bien las necesidades de tus clientes potenciales, atraerás a un público más amplio y adaptarás tus ofertas a las necesidades individuales de los golfistas. El secreto del éxito no es el de tener muchos productos, se trata de encontrar un producto de alto rendimiento que funcione. Una vez asentado, crear otro. Tener muchos productos complica la labor comercial y confunde a tus clientes. Intenta reducir todo lo que puedas tu cartera de producto.

2. Circuitos, Eventos Temáticos y Experiencias Únicas:

Organizar eventos temáticos y experiencias únicas es una excelente manera de diversificar tus ingresos. Por ejemplo, puedes celebrar torneos de golf temáticos, noches de golf con música en vivo o eventos gastronómicos en el restaurante del club. Estos eventos no solo generan ingresos adicionales a través de tarifas de participación, sino que también atraen a nuevos golfistas y crean un sentido de comunidad en tu club. Busca estrategias que te ayuden a obtener nuevas fuentes de ingresos.

Los circuitos de golf y los organizadores de torneos pueden ser una fuente de ingresos muy interesante para conseguir ventas a corto plazo, para dar a conocer tu club de golf o para ofrecer una experiencia de golf de calidad a tus jugadores. Recuerda que, como club de golf, estás dando un servicio y debes ajustar tus expectativas de facturación a tu servicio. Apoya iniciativas profesionales que te aporten valor añadido y verás como los resultados aparecen rápido.

Si eres un profesional de la industria del golf, valora positivamente colaborar con clubes u organizadores para promocionar tus productos o servicios de forma activa.

3. Programas de Enseñanza Innovadores:

La enseñanza de golf es una fuente de ingresos subutilizada en muchos clubes. Implementa programas de enseñanza innovadores que incluyan clases grupales, entrenamiento personalizado, iniciación y tecnología de vanguardia, como simuladores de golf. Atraerás a golfistas de todos los niveles, desde principiantes hasta jugadores experimentados, y generarás ingresos consistentes a lo largo del año. Cuando lanzas un producto relacionado con la formación hay varios aspectos a tener en cuenta.

1. Crea productos que tengan sentido y se entrelacen entre sí.
2. Trabaja la base con precios competitivos.
3. Crea cursos de iniciación en grupo para potenciar las relaciones entre nuevos golfistas.
4. Crea cursos de nivel intermedio para mantener a los jugadores interesados.
5. Llega a acuerdos con circuitos de golf para ofrecer valor añadido a tus clientes y fidelizarlos.
6. Ofrece clases de tecnificación tanto en grupo como individuales.
7. Crea programas de entrenamiento que permitan al jugador seguir practicando con una guía de entrenamiento cuando no pueda estar dando clases contigo.

A continuación pondremos un ejemplo de plan de entrenamiento. Ten en cuenta que estos planes de entreno puedes venderlos como complemento y son productos de alto valor y rendimiento. Puedes crear diferentes planes según el nivel de cada jugador y obtener un mayor rendimiento por tu hora de trabajo.

Lunes:
Horario: 18:00 - 19:00
- Fundamentos del swing en seco frente a un espejo: trabaja en la postura, posición de manos y brazos, y alineación corporal.
- Ejercicios de estiramiento y fortalecimiento específicos para el golf: enfócate en la flexibilidad y fuerza necesarias en el swing.

Martes:
Horario: 17:30 - 18:30
- Juego corto en el jardín o en una alfombra de práctica: practica chips, approach y golpes de bunker. Trabaja en el control de distancia y precisión.
- Putt: realiza ejercicios de putt en una alfombra de putt en casa, enfocándote en la alineación, el golpeo y la lectura de greens.

Miércoles:
Descanso activo y ejercicios de flexibilidad: dedica tiempo a realizar ejercicios de estiramientos para mantener la flexibilidad y evitar lesiones. También puedes hacer una actividad de bajo impacto, como caminar o nadar.

Jueves:
Horario: 18:00 - 19:00
- Simulación de juego: utiliza un simulador de golf en casa o un videojuego de golf para simular situaciones de juego real. Juega rondas completas y practica diferentes golpes y estrategias.

Viernes:
Horario: 17:30 - 18:30
- Juego corto en el jardín o en una alfombra de

práctica: continúa practicando los chips, approach y golpes de bunker para mejorar el control de distancia y precisión.

- Putt: dedica tiempo a perfeccionar tus habilidades de putt en una alfombra de putt en casa, trabajando en la alineación, el golpeo y la lectura de greens.

Sábado:
Horario: 10:00 - 11:00
- Entrenamiento físico: realiza ejercicios cardiovasculares como correr, andar en bicicleta o saltar la cuerda para mejorar tu resistencia. También incorpora ejercicios de fuerza como flexiones de brazos, sentadillas y levantamiento de pesas ligeras para fortalecer los músculos clave utilizados en el golf. No olvides incluir ejercicios de equilibrio y flexibilidad, como yoga o pilates.

Domingo:
Descanso y juego en el campo: aprovecha el día para descansar y disfrutar de una ronda de golf en el campo. Aplica los conceptos y habilidades practicadas durante la semana en un entorno real.

Recuerda que esta es solo una sugerencia de programación semanal y puedes adaptarla según las necesidades y preferencias de tus clientes. La clave es ser constante en la práctica y mantener el enfoque en los aspectos que deseas mejorar.

4. Ofertas de Catering y Eventos Privados:

Si tienes instalaciones de restaurante y banquetes en tu club, aprovecha al máximo este recurso. Ofrece servicios de catering para eventos privados, como bodas, reuniones corporativas y celebraciones especiales. La diversificación en la oferta de servicios de catering puede proporcionar ingresos significativos durante todo el año, independientemente de la temporada de golf. Además, si te asocias con un buen partner, no tendrás que preocuparte de la explotación de la nueva área de negocio y podrás dedicarte a lo que realmente importa.

5. Pro Shop y Productos Relacionados:

La tienda puede ser una fuente de ingresos importante si se gestiona estratégicamente. Diversifica tu oferta de productos, incluyendo equipos de golf, ropa, bolas, gorras, accesorios y objetos personalizados. Digitalizar tu tienda puede ser muy interesante para ofrecer valor añadido a tus clientes.

Estos casos de éxito demuestran cómo la diversificación de ofertas puede transformar tu club de golf en un negocio más rentable y resistente a las fluctuaciones estacionales. Al ofrecer una variedad de servicios y experiencias, no solo aumentarás tus ingresos, sino que también atraerás a una base más amplia de golfistas y miembros, fortaleciendo así la salud financiera de tu club. En los siguientes capítulos, exploraremos estrategias adicionales para maximizar tus ingresos y éxito financiero en la industria del golf.

Sección 2: Estrategias de Márketing y Promoción Efectivas

En esta sección, nos adentraremos en estrategias de marketing y promoción que complementan la metodología GHX y que te ayudarán a atraer a golfistas y miembros de manera efectiva. Aprenderás cómo crear campañas de marketing enfocadas y estratégicas para aumentar la visibilidad de tu club de golf y generar ventas.

Casos de Éxito en Estrategias de Marketing

1. Utilización de Redes Sociales y Marketing Digital:

En la era digital, las redes sociales y el marketing en línea son herramientas esenciales para promocionar tu club de golf. Crea perfiles de redes sociales activos y efectivos para tu club. Intenta que sean lo más atractivos posible, pese a que no es prioritario si no dispones de recursos suficientes. Comparte contenido relevante y utiliza publicidad en redes sociales para llegar a un público más amplio. Necesitas herramientas de comunicación, no uses las redes como escaparate. Establece un sitio web atractivo y optimizado para dispositivos móviles que facilite la reserva de tee times y la obtención de información sobre eventos y promociones. Para potenciar tus redes debes realizar varias publicaciones semanales. Dimensiona tu estrategia a tus recursos para conseguir campañas exitosas.

2. Campañas de Email Marketing Segmentadas:

Segmentar tu listado de clientes te permite enviar mensajes personalizados a grupos específicos de golfistas y miembros. Por ejemplo, puedes enviar ofertas exclusivas a miembros de larga duración o recordatorios de eventos a golfistas frecuentes. Esto aumenta la relevancia de tus comunicaciones y mejora las tasas de respuesta. Una de las mejores herramientas para tener una comunicación fluida con el club es disponer de una app propia. Te permite mandar mensajes emergentes de manera sencilla y efectiva.

3. Programas de Fidelización y Recomendaciones:

Implementa programas de fidelización que recompensen a tus clientes leales. Ofrece descuentos especiales, membresías premium o puntos de recompensa que se puedan canjear por productos o servicios en el club. Además, fomenta las recomendaciones de boca a boca, incentivando a los miembros y golfistas a referir a amigos y familiares.

4. Eventos de Marketing Experiencial:

Organiza eventos de marketing experiencial que involucren a la comunidad y brinden una experiencia única en tu club de golf. Por ejemplo, puedes ofrecer días de puertas abiertas, bautismos de golf gratuitos o noches temáticas que atraigan a nuevos golfistas y fortalezcan los lazos con los miembros existentes. Analiza bien el tipo de público que quieres captar para enfocar bien tu estrategia.

Un caso de éxito fué un evento que organizamos con Tesla para una jornada de pruebas de conducción eléctrica. Lo ligamos a la final de una liga interna de verano e involucramos al ayuntamiento para promocionar también la localidad. El resultado fué interesante, ya que obtuvimos financiación pública por el evento de movibilidad sostenible y promoción turística, tuvimos una mayor asistencia para el torneo, ofrecimos una imagen de calidad a nuestros miembros, generamos contenido para nuestras redes y Tesla quedó contento con los resultados. Céntrate en ofrecer experiencias diferentes.

5. Colaboraciones y Patrocinios Locales:

Colabora con negocios locales para promocionar tu club de golf. Puedes ofrecer paquetes conjuntos que incluyan golf y gastronomía, por ejemplo. Además, considera colaborar con bodegas y distribuidores de bebidas espirituosas. Los paquetes que mezclan golf y gastronomía siempre funcionan.

Estos casos de éxito en estrategias de marketing ilustran cómo una estrategia de promoción efectiva puede aumentar la visibilidad de tu club de golf y atraer a nuevos golfistas. La combinación de enfoques digitales, programas de fidelización y eventos experienciales puede tener un impacto significativo en la captación y la retención de miembros, lo que, a su vez, impulsará tus ingresos y el éxito financiero de tu club.

Sección 3: Optimización de Costes y Eficiencia Operativa

En esta sección, exploraremos cómo la metodología GHX puede ayudar a tu club de golf a optimizar los costes y mejorar la eficiencia operativa. Estas estrategias te permitirán reducir gastos innecesarios y maximizar tus márgenes de ganancia.

Casos de Éxito en Optimización de Costes

1. Mantenimiento Eficiente del Campo:

Una de las áreas donde los clubes de golf pueden incurrir en gastos significativos es el mantenimiento del campo. Mediante la implementación de prácticas de mantenimiento eficiente, como la gestión de riego inteligente y la selección de productos químicos ecológicos, puedes reducir costes sin comprometer la calidad del campo de golf. Busca la colaboración con otros campos cercanos para compartir maquinaria o cerrar acuerdos a largo plazo en temas de mantenimientos. Compartir costes de personal o inversión en maquinaria puede significar una reducción de costes importante. También puedes considerar la subcontratación de ciertos servicios de mantenimiento para reducir la carga de trabajo interna.

2. Gestión de Personal Optimizada:

Evalúa cuidadosamente la estructura de tu personal y busca oportunidades para optimizarla. Esto puede incluir la reorganización de roles y responsabilidades, la capacitación cruzada del personal y la implementación de sistemas de programación eficientes. Asegúrate de tener la cantidad adecuada de personal para cubrir las demandas de la temporada sin exceso de recursos, garantizando el estandard de calidad programado. Es muy importante que el nivel de servicio vaya directamente atado a tu estrategia para tener una estructura compensada.

3. Compras Estratégicas:

Negocia contratos con proveedores para obtener precios competitivos en suministros y equipos. Además, busca oportunidades para colaborar con campos cercanos que os permita comprar productos conjuntamente para aprovechar economías de escala. La planificación estratégica de compras puede ayudarte a reducir los costes de adquisición y aumentar la eficiencia operativa.

4. Tecnología y Automatización:

La inversión en tecnología y sistemas de automatización puede mejorar la eficiencia operativa de tu club de golf. Esto puede incluir sistemas de reservas en línea, soluciones de administración de membresías y sistemas de seguimiento de inventario. La automatización de tareas administrativas rutinarias libera tiempo y recursos para actividades más estratégicas. No confundas la automatización con la supresión de servicios. Automatizar procesos siempre debe ir acompañado de una mejora en la calidad del servicio, no enfocado únicamente al ahorro del coste.

Conocer otros campos y tecnologías puede ayudarte a optimizar costes de mantenimiento. Analiza las tendencias tecnológicas una vez al año para sopesar inversiones estratégicas que te ayuden a reducir costes de inversión y mantenimiento a largo plazo.

Las herramientas de digitalización que mayor valor aportan son la de la gestión de reservas online y la digitalización de torneos. Automatizar estas áreas libera de trabajo administrativo y permite dedicar más recursos a la venta o a ofrecer un mejor servicio al cliente.

5. Gestión de Inventarios y Almacenamiento:

Implementa una gestión de inventario eficaz para evitar pérdidas y desperdicios. Lleva un registro preciso de los productos y suministros, y asegúrate de que se utilicen de manera óptima. Además, evalúa tus necesidades de almacenamiento y considera la posibilidad de reducir el espacio de almacenamiento innecesario.

Estos casos de éxito en la optimización de costes demuestran cómo la aplicación de la metodología GHX puede conducir a una gestión más eficiente y rentable de un club de golf. Al analizar cuidadosamente los gastos y buscar formas de reducirlos sin sacrificar la calidad o la experiencia del golfista, puedes mejorar la salud financiera de tu club y aumentar tus márgenes de ganancia. En las secciones posteriores, continuaremos explorando estrategias adicionales para maximizar el éxito financiero de tu negocio.

Sección 4: Fomento de la fidelización de los Miembros

La retención de miembros es esencial para mantener un flujo constante de ingresos y garantizar el éxito financiero a largo plazo de tu club de golf. En esta sección, exploraremos cómo GHX puede ayudarte a fomentar la fidelización de los miembros mediante programas de membresía personalizados, servicios excepcionales y experiencias de golf únicas.

Casos de Éxito en Fomento de la fidelización de los Miembros

1. Programas de Membresía Personalizados:

Una estrategia efectiva para fomentar la fidelización de los miembros es ofrecer programas de membresía personalizados. En lugar de tener una membresía única, crea diferentes niveles de membresía que se adapten a las necesidades y preferencias individuales de tus miembros. Puedes ofrecer membresías con reducción horaria, con limitaciones de edad, limitaciones de usos, membresías familiares, membresías para principiantes y más. Esto les permite a tus miembros elegir la opción que mejor se adapte a ellos y sentir que están obteniendo un valor excepcional. Cuando hablamos de diferentes membresías podemos caer en el error de ofrecer la misma membresía en cuanto a formato enfocado únicamente a la variable del número de personas. Por ejemplo, una membresía mensual individual, familiar, o corporativa. Es la misma membresía o producto con descuentos por volumen. ¡Busca alternativas!

2. Servicios Excepcionales para Miembros:

Ofrecer servicios excepcionales para tus miembros es una forma segura de fomentar la fidelización. Asegúrate de que tu personal esté capacitado para brindar un servicio amable y profesional en todo momento. Considera la posibilidad de ofrecer descuentos exclusivos en la zona de prácticas para miembros, acceso preferencial a horarios de tee times, productos especiales en la escuela de golf, servicios de valor añadido y eventos exclusivos para miembros, como torneos especiales. Disponer de una buena cartera de correspondencias también te ayudará a mantener a tus miembros contentos con el club.

3. Experiencias de Golf Únicas:

Crea experiencias de golf únicas que hagan que los miembros se sientan valorados y emocionados por pertenecer a tu club. Esto podría incluir torneos temáticos exclusivos, eventos sociales en el club, noches de golf bajo las estrellas o incluso excursiones de golf a campos de golf de renombre. Estas experiencias especiales no solo fomentan la fidelización, sino que también generan un sentido de comunidad entre los miembros.

4. Programas de Recompensas y Reconocimiento:

Implementa programas de recompensas y reconocimiento para tus miembros más leales. Esto podría incluir descuentos exclusivos, reconocimientos en la web o en las instalaciones del club, y premios anuales para los miembros más comprometidos. Prepara regalos anuales para los miembros con un mayor número de salidas, mayor número de clases de golf o mayor bajada de handicap. Los programas de recompensas incentivan a los miembros a seguir siendo parte activa de tu club.

5. Comunicación Regular con los Miembros:

Mantén una comunicación regular y efectiva con tus miembros. Mantenlos informados sobre eventos, promociones y actualizaciones importantes del club. Aprovecha la tecnología, como el correo electrónico, mensajería móvil, mensajes emergentes por APP y las redes sociales, para mantener una línea de comunicación abierta y fomentar una comunidad en línea entre los miembros.

Estos casos de éxito en el fomento de la fidelización de los miembros demuestran cómo GHX puede ayudarte a crear una base de miembros sólida y comprometida. Al ofrecer programas personalizados, servicios excepcionales y experiencias únicas, puedes asegurarte de que tus miembros estén felices y dispuestos a seguir siendo parte de tu club de golf a lo largo de los años. La fidelización de los miembros es fundamental para el éxito financiero sostenible de tu club en la industria del golf.

4 IMPLEMENTACIÓN FINANCIERA

En este capítulo, explicaremos cómo implementar exitosamente la metodología GHX en la gestión financiera de tu club de golf. A medida que avanzamos, descubrirás las claves para el éxito continuo y la sostenibilidad en la industria del golf. Ten en cuenta que la aplicación de nuestra metodología debe ir siempre relacionada con los recursos que tengas disponibles. Busca la parte del negocio que quieras mejorar y no intentes hacerlo todo si no tienes recursos suficientes.

Sección 1: Monitoreo y Evaluación Continua

La gestión financiera efectiva de un club de golf implica una supervisión constante y una evaluación rigurosa de las operaciones y estrategias financieras. Esta sección se centrará en la importancia del monitoreo y la evaluación continua como una práctica clave en la implementación de la metodología GHX en la gestión financiera de tu club de golf.

Estableciendo KPIs (Indicadores Clave de Desempeño):

Para medir el progreso hacia tus objetivos financieros y operativos, es fundamental establecer KPIs claros y relevantes. Estos indicadores pueden incluir la rentabilidad, la tasa de ocupación de los tee times, la satisfacción de los miembros y la eficiencia en los costes, entre otros. Cada KPI debe estar alineado con tus objetivos estratégicos y ser cuantificable para facilitar el seguimiento. ¿Alguna vez has analizado el porcentaje de ocupación de tu campo y su potencial de explotación? Conocer estos datos te ayudarán a definir mucho mejor tu estrategia.

Herramientas de Monitoreo y Seguimiento:

Utiliza herramientas tecnológicas y sistemas de software adecuados para el monitoreo y seguimiento de tus KPIs. Estas herramientas pueden incluir software de gestión, sistemas de reserva en línea, encuestas de satisfacción de los miembros y sistemas de gestión de relaciones con el cliente (CRM). Automatizar la recopilación de datos te permitirá tener acceso a información actualizada en tiempo real.

Revisiones y Evaluaciones Periódicas:

Programa revisiones y evaluaciones periódicas de tus operaciones financieras y estrategias. Esto puede incluir reuniones regulares de seguimiento con tu equipo financiero y gerencial para analizar el progreso hacia los objetivos establecidos. Asegúrate de que estas reuniones sean oportunidades para identificar áreas de mejora y tomar decisiones informadas.

Análisis de Datos y Toma de Decisiones Basadas en Datos:

Realiza análisis de datos detallados para identificar tendencias y patrones en tus operaciones financieras.

Examina de cerca las áreas donde los KPIs no se estén cumpliendo y determina las causas subyacentes. La toma de decisiones basada en datos te ayudará a ajustar estrategias, asignar recursos de manera más efectiva y tomar medidas correctivas cuando sea necesario.

Aprendizaje Continuo y Mejora:

Fomenta una cultura de aprendizaje continuo y mejora en tu club de golf. Alienta a tu equipo a aprender de los éxitos y fracasos pasados, y a buscar constantemente formas de optimizar las operaciones financieras. La flexibilidad para adaptarse a los cambios y aprender de la experiencia es una de las claves para la sostenibilidad financiera a largo plazo. Los errores deben servir para aprender y mejorar, no para reprender y castigar.

Comunicación Transparente:

Mantén una comunicación transparente con todas las partes interesadas, incluidos los miembros, el personal y la junta directiva. Proporciona informes financieros regulares y actualizados para mantener a todos informados sobre el desempeño financiero del club. La transparencia crea confianza y compromiso entre todas las partes involucradas.

Recuerda la Adaptación:

La metodología GHX se basa en la adaptación continua. Siempre estás buscando formas de mejorar y ajustar tus estrategias financieras en función de las condiciones cambiantes del mercado y las necesidades de los golfistas y miembros. No temas realizar cambios significativos cuando sea necesario para mantener la salud financiera de tu club.

El monitoreo y la evaluación continua son esenciales

para asegurarte de que tu club de golf siga avanzando hacia el éxito financiero sostenible. Al establecer KPIs claros, utilizar herramientas tecnológicas adecuadas y mantener una comunicación transparente, estarás mejor preparado para tomar decisiones informadas y adaptarte a los desafíos y oportunidades que surjan en el camino.

Sección 2: Flexibilidad y Adaptabilidad

La flexibilidad y la adaptabilidad son cualidades cruciales para mantener el éxito financiero en la industria del golf, especialmente cuando se implementa la metodología GHX. En esta sección, exploraremos la importancia de ser ágil y receptivo a las demandas cambiantes del mercado y los golfistas.

Sensibilidad al Cambio del Entorno

Los clubes de golf operan en un entorno que puede experimentar cambios significativos, desde condiciones climáticas variables hasta tendencias cambiantes en la industria del golf. La metodología GHX promueve la adaptabilidad como una de sus principales fortalezas. Estar atento a los cambios y ser sensible a ellos es esencial. Una tromba de agua en un club vecino puede ser una fuente de ingresos extra para tu club. Busca siempre la colaboración y el valor añadido. En una ocasión, un club vecino sufrió inclemencias meteorológicas. Ofrecimos precios especiales a sus miembros a través del club afectado y nos aseguramos de brindar valor añadido a nuestros compañeros. El resultado benefició a ambos clubes.

Ajuste de Estrategias según las Temporadas

Las estaciones del año pueden tener un impacto significativo en la demanda y la operación de un club de golf. La flexibilidad para ajustar tus estrategias según las temporadas es fundamental. Por ejemplo, durante la temporada alta de golf, puedes enfocarte en maximizar los ingresos de los green fees, mientras que en la temporada baja, podrías ofrecer paquetes especiales para mantener la participación de los golfistas. Analiza bien tu demanda para optimizar el rendimiento de tus tarifas.

Respuesta a las Tendencias de los Golfistas

Los gustos y preferencias de los golfistas pueden cambiar con el tiempo. Mantente al tanto de las tendencias emergentes en la industria del golf y sé receptivo a las demandas de los golfistas. Por ejemplo, si notas un aumento en la demanda de torneos temáticos o de experiencias de golf personalizadas, ajusta tu oferta para satisfacer esas necesidades. Ten en cuenta que están cambiando las costumbres y las temporadas de juego por el cambio climático. Es importante que no des por sentado lo que conoces hasta el momento. Debes mantenerte atento.

Agilidad en la Toma de Decisiones

La metodología GHX aboga por la agilidad en la toma de decisiones. Esto implica la capacidad de tomar decisiones rápidas y eficaces cuando surgen desafíos u oportunidades. Asegúrate de que tu equipo esté empoderado para tomar decisiones informadas y que exista un proceso claro para evaluar y actuar sobre nuevas ideas y estrategias. No tengas miedo a equivocarte, pero aprende a controlar el fallo para que no te afecte negativamente. Cuando crees nuevos productos, busca siempre la forma de controlarlos mediante condiciones especiales que te faciliten su cancelación o modificación. Si controlas el producto, controlas las consecuencias.

Evaluación Continua de Estrategias

A medida que implementas estrategias en tu negocio, es fundamental que las evalúes continuamente. Si una estrategia no está produciendo los resultados deseados o si surgen nuevas oportunidades, sé lo suficientemente flexible como para ajustar o pivotar en consecuencia. La metodología GHX respalda la mejora continua a través de la adaptación.

Fomento de la Innovación

Fomenta una cultura de innovación en tu club de golf. Anima a tu equipo a proponer nuevas ideas y enfoques para mejorar la experiencia de los golfistas y aumentar la rentabilidad. La innovación, a menudo, es impulsada por la flexibilidad y la voluntad de considerar y probar nuevas soluciones.

En resumen, la flexibilidad y la adaptabilidad son componentes clave para el éxito financiero en la industria del golf. La implementación de la metodología GHX no solo implica la planificación estratégica, sino también la capacidad de ajustar y pivotar cuando sea necesario. Mantenerse ágil y receptivo te permitirá enfrentar desafíos y capitalizar oportunidades de manera efectiva, asegurando la sostenibilidad financiera de tu club de golf a largo plazo.

Sección 3: Inversión en Mejoras Continuas

La inversión en mejoras continuas es un pilar fundamental para mantener y mejorar la calidad de tus instalaciones y servicios en un club de golf. En esta sección, exploraremos cómo la metodología GHX respalda la inversión estratégica en mejoras que pueden tener un impacto positivo en la rentabilidad y la satisfacción de los golfistas.

Priorización de Inversiones Estratégicas

La primera clave para el éxito en la inversión en mejoras continuas es la priorización estratégica. Identifica las áreas o aspectos de tu club de golf que requieren mejoras y establece un orden de prioridad basado en criterios como el impacto en la experiencia del golfista y el retorno de la inversión esperado. Esto puede incluir mejoras en el campo de golf, las instalaciones de práctica, el restaurante, Pro Shop y otros servicios.

Planificación y Presupuesto de Inversiones

Una vez que hayas identificado las áreas de inversión prioritarias, es fundamental realizar una planificación detallada y establecer un presupuesto para cada proyecto de mejora. Define los objetivos claros de cada inversión, los plazos y los recursos necesarios. Asegúrate de contar con un plan financiero sólido que respalde estas inversiones y que sea coherente con tus objetivos a largo plazo.

Evaluación de Retorno de la Inversión (ROI)

Cuando realices inversiones, es esencial evaluar el retorno de la inversión esperado. ¿Cómo se espera que la inversión impacte en los ingresos y la satisfacción de los golfistas? Por ejemplo, si planeas renovar el campo de golf para mejorarlo, considera cómo esta mejora puede atraer a más golfistas o cómo las mejoras pueden ayudarte a incrementar los ingresos a través de nuevos productos o servicios de valor añadido. Si no dispones de recursos para invertir pero necesitas mejoras, plantéate la posibilidad de buscar socios estratégicos que inviertan por tí a cambio de la explotación de una área. Analiza bien tus necesidades para poder cerrar el mejor acuerdo posible.

Gestión Eficiente de Proyectos

La gestión eficiente de proyectos es crucial para garantizar que las inversiones se realicen de manera efectiva y dentro del presupuesto. Designa un equipo de gestión de proyectos responsable y encárgate de supervisar y ejecutar cada inversión. Establece un proceso de seguimiento y control para garantizar que los proyectos se desarrollen según lo planeado y se mantengan dentro de los límites presupuestarios.

Medición del Impacto

Después de completar las inversiones, mide el impacto de las mejoras en la satisfacción de los golfistas y en los resultados financieros. Evalúa cómo las inversiones han contribuido a la retención de miembros, el aumento de los ingresos y la mejora general de la experiencia del golfista. Esta información es valiosa para tomar decisiones futuras sobre inversiones.

Reinversión de Ganancias

La metodología GHX enfatiza la reinversión de ganancias para mantener y mejorar el club de golf. A medida que tus inversiones generen resultados positivos, considera reinvertir una parte de las ganancias en futuras mejoras. Esto garantiza que el club siga siendo competitivo y atractivo para los golfistas a largo plazo. Invertir en mejorar la experiencia del cliente puede llegar a ser muy rentable. Intenta mantener un equilibrio entre la inversión en infraestructuras y servicios.

En resumen, la inversión en mejoras continuas es esencial para mantener la calidad y la competitividad de un club de golf. Al seguir una estrategia de priorización, planificación, evaluación de ROI y reinversión de ganancias, podrás mantener y mejorar constantemente tus instalaciones y servicios. Esto no solo mejora la satisfacción de los golfistas, sino que también puede conducir a un aumento en los ingresos y al éxito financiero a largo plazo.

Sección 4: Relaciones Duraderas con Golfistas y Miembros

Fomentar relaciones duraderas con golfistas y miembros es una parte esencial de la gestión financiera exitosa de un club de golf. En esta sección, exploraremos cómo la metodología GHX puede ayudarte a cultivar relaciones sólidas y a largo plazo con aquellos que son fundamentales para el éxito de tu club. El coste de adquisición de un nuevo cliente es un 40% más costoso que el de fidelización. A continuación te dejamos una fórmula para que puedas calcular tu coste de adquisición:

CAC = (todo lo invertido en marketing + todo lo invertido en ventas) / número de clientes conquistados

Es muy recomendable que intentes fidelizar al máximo tus jugadores y optimizar tus costes de comercialización. Además, un cliente contento es el mejor referenciador. Invertir en fidelización es la inversión comercial más rentable.

Compromiso y Satisfacción del Miembro

El compromiso y la satisfacción de los miembros son pilares fundamentales para mantener relaciones duraderas. La metodología GHX se centra en la personalización y la adaptación de las ofertas para satisfacer las necesidades individuales de los miembros. Escucha activamente sus comentarios y sugerencias, y ajusta tus servicios y programas en consecuencia.

Comunicación Abierta y Transparente

Mantener una comunicación abierta y transparente con los miembros es esencial. Informa a los miembros sobre eventos, promociones, mejoras en las instalaciones y decisiones importantes del club. Utiliza canales de comunicación eficaces, como **aplicaciones con notificaciones desplegables**, correos electrónicos regulares, boletines informativos y redes sociales, para mantener a los miembros informados y comprometidos.

Programas de Membresía Personalizados

La metodología GHX aboga por la personalización de los programas de membresía. Ofrece opciones de membresía que se adapten a las necesidades y preferencias individuales de tus miembros. Esto puede incluir membresías de temporada baja, membresías familiares, opciones de pago flexibles y beneficios exclusivos para miembros de larga duración. La flexibilidad en los pagos puede ser una herramienta clave para captar un mayor número de miembros que se mantengan en el tiempo.

Intenta ofrecer variedad sin generar un alto volumen de productos. Enfoca las nuevas membresías a grupos de edad concretos, membresías por áreas de negocios independiente o membresías con limitaciones horarias. Tenemos dos casos de éxito de membresías que han sido eficaces. En el primer caso, se lanzó una membresía a un precio económico con limitación de 4 green fees mensuales para intentar captar clientes de un perfil más joven. La media de edad de este producto era de 44 años, frente a los 68 años de media del club. El otro caso de éxito fué la creación de una membresía trimestral para el uso de la zona de prácticas con descuentos especiales en bolas y clases de golf. Aumentó el gasto en bolas más de un 40% y se consiguió un perfil de abonado que hasta la fecha era imposible captar por perfil de cliente y por tipología de producto.

Servicios Excepcionales para Miembros

Los servicios excepcionales para miembros son una forma segura de fomentar la fidelización. Capacita a tu personal para ofrecer un servicio amable y profesional en todo momento. Invertir en nuevas instalaciones o nuevos servicios siempre da una sensación de calidad en servicio y de iniciativa positiva. Valora acciones de inversión reducida que te permitan fallar sin que eso repercuta en altos costes, pero te ofrezca una imagen positiva de mejoras continuadas.

Programas de Recompensas y Reconocimiento

Implementa programas de recompensas y reconocimiento para tus miembros más leales. Recuerda que los programas de fidelización son una de las principales herramientas de upselling y cross selling. Una buena estrategia de fidelización te ayudará a mejorar sustancialmente tus ventas. Uno de los casos de éxito más interesantes que tenemos es la creación de unos premios anuales para los miembros más destacados de cada una de las áreas de negocio. El que había tirado más bolas al año, el que había realizado más salidas, el que había bajado más hándicap, el que había dado más clases o el que había jugado más torneos. Gracias al programa de fidelización generamos un valor añadido para el abonado y creamos nuevas oportunidades de negocio como un torneo social, una cena de gala o un evento especial.

Resolución Eficaz de Problemas

Cuando surjan problemas o preocupaciones, aborda y resuelve rápidamente estos asuntos de manera eficaz. Escucha las preocupaciones de los miembros, toma medidas correctivas cuando sea necesario y comunica claramente las soluciones implementadas. La capacidad de resolver problemas con prontitud es fundamental para mantener relaciones sólidas.

Fomentar relaciones duraderas con golfistas y miembros no solo mejora la fidelización, sino que también genera un flujo constante de ingresos a través de tarifas de membresía y la participación activa en el club. La metodología GHX respalda la personalización, el compromiso y la satisfacción de los miembros como elementos esenciales para el éxito financiero sostenible de tu club de golf.

Sección 5: Diversificación de Fuentes de Ingresos

Sigue explorando oportunidades para diversificar tus fuentes de ingresos. A medida que tu club de golf crece y evoluciona, busca nuevas formas de generar ingresos adicionales, ya sea a través de la ampliación de ofertas, la colaboración con socios locales o la creación de productos y servicios innovadores. Las colaboraciones con partners de referencia puede llegar a ser una muy buena alternativa para mejorar tus rendimientos.

Sección 6: Innovación y Creatividad

La innovación y la creatividad son motores fundamentales para el éxito continuo. Fomenta una cultura de innovación en tu club de golf, donde los miembros del equipo estén dispuestos a proponer ideas y soluciones nuevas. Estimula la creatividad en la creación de eventos, promociones y experiencias únicas que mantengan a tus golfistas comprometidos y emocionados. Es importante que el proceso de innovación sea orgánico. Usa la metodología GHX para innovar pero consolida tus novedades antes de lanzar nuevos productos. Valora de forma realista tu capacidad de innovación y actúa en consecuencia.

En este capítulo, hemos explorado cómo implementar la metodología GHX de manera efectiva en la gestión financiera de tu club de golf. Al seguir las estrategias y principios presentados, estarás en el camino hacia un éxito financiero sostenible y duradero en la industria del golf.

5 DIVERSIFICACIÓN DE FUENTES DE INGRESOS

En este capítulo, exploraremos cómo diversificar las fuentes de ingresos. Es fundamental para fortalecer la base financiera de tu club de golf y garantizar la sostenibilidad a largo plazo. La metodología GHX fomenta la exploración de oportunidades adicionales más allá de los ingresos tradicionales, como los green fees y las membresías.

Sección 1: Exploración de Oportunidades de Diversificación

La diversificación de fuentes de ingresos es un componente clave de la estrategia financiera en la metodología GHX para clubes de golf. En esta sección, profundizaremos en la exploración de diversas oportunidades que te permitirán ampliar tus fuentes de ingresos y fortalecer la estabilidad financiera de tu club.

1. Eventos y Torneos Especiales:

Los eventos y torneos especiales son una excelente manera de diversificar tus fuentes de ingresos. Puedes organizar una variedad de eventos, desde torneos corporativos hasta competiciones temáticas únicas que atraigan a golfistas locales y visitantes. Estos eventos pueden generar ingresos a través de las tarifas de inscripción, patrocinios, ventas cruzadas, alquileres, bebidas, y productos promocionales.

2. Academia de Golf y Clases de Iniciación:

Establecer una academia de golf y ofrecer clases de iniciación para golfistas es una fuente constante de ingresos. Desde clases individuales hasta programas de desarrollo a largo plazo, la enseñanza de golf puede atraer a golfistas locales y brindarles una experiencia educativa de alta calidad.

Cuando crees un producto formativo, recuerda en dotar el mismo de sentido. Si promueves un producto de iniciación, intenta crear otro intermedio y de perfeccionamiento. Sólo así obtendrás los resultados que buscas.

3. Espacios para Eventos y Banquetes:

Si cuentas con instalaciones adecuadas, considera alquilar espacios para eventos y banquetes. Bodas, reuniones corporativas, fiestas y otras celebraciones pueden ser organizadas en tu club de golf. Los ingresos por alquiler de instalaciones pueden contribuir significativamente a tus ingresos anuales.

4. Restaurante y Servicios de Comida:

Optimizar el restaurante de tu club es otra forma de diversificar los ingresos. Ofrece menús atractivos a partir de la demanda y organiza eventos culinarios especiales, como cenas temáticas o degustaciones de vinos o cervezas.

El restaurante puede atraer tanto a golfistas como a clientes locales, generando ingresos adicionales.

En una ocasión analizamos la tipología de cliente de un club y detectamos un volumen interesante de clientes alemanes. Analizamos la posible demanda y con la ayuda de un colaborador organizamos un Oktoberfest con la cerveza específica que se sirve en este festival. Los resultados fueron interesantes ya que obtuvimos un crecimiento de más del 20% de clientes alemanes, obteniendo un mayor número de abonados y creando un evento con proyección de futuro.

5. Patrocinios y Alianzas Estratégicas:

Explora oportunidades de patrocinio y alianzas estratégicas con empresas locales. Puedes ofrecer visibilidad en el campo de golf a cambio de apoyo financiero o en especie. Por ejemplo, patrocinadores pueden tener su nombre en hoyos específicos o proporcionar premios para torneos. Para conseguir patrocinadores de calidad, necesitas ofrecer un producto de calidad y un proyecto sólido. Analiza cada unidad de negocio y busca el patrocinador que te pueda aportar un mayor valor añadido.

6. Programas de Membresía Personalizados:

Diversifica tus programas de membresía para atraer a un perfil de golfistas concreto. Ofrece membresías adaptadas a tu estrategia y objetivos, que salgan de lo que conoces y prueba con productos que nunca antes había probado. Muchas veces te preguntas por qué no consigues llegar a un perfil de cliente concreto. La respuesta es fácil, no tienes el producto adecuado. Tenemos tendencia a ir a lo seguro, lo que conocemos. Eso te ofrecerá los mismos resultados que estás teniendo. Arriésgate a probar nuevas opciones a partir de tus objetivos y controlando el fracaso mediante el análisis de datos. Ésto te permitirá maximizar los ingresos en las membresías y captar nuevos clientes.

7. Servicios de Golf en Línea:

Si aún no lo has hecho, considera implementar un sistema de reservas en línea para tee times y servicios de golf. Esto facilita a los golfistas la reserva de tee times y puede flexibilizar y optimizar tus recursos. No nos cansamos de decir que las soluciones de digitalización de tarjetas de juego, inscripción a torneos y pago online son las tres soluciones que ya deberías tener implantadas.

8. Experiencias de Golf Únicas:

Crea experiencias de golf únicas, como noches de golf bajo las estrellas, torneos temáticos o eventos de golf combinados con actividades complementarias, como degustaciones de vinos. Estas experiencias pueden atraer a un público diverso y generar ingresos adicionales.

La diversificación de fuentes de ingresos no solo te ayuda a generar más ingresos, sino que también reduce la dependencia de una sola fuente de ingresos, lo que aumenta la estabilidad financiera de tu club de golf. La metodología GHX te alienta a explorar y aprovechar estas oportunidades para mantener una base financiera sólida y sostenible en la industria del golf.

Sección 2: Colaboración con Socios Locales

La colaboración estratégica con socios locales puede ser una poderosa fuente de ingresos y una forma efectiva de fortalecer la posición financiera de tu club de golf. Esta sección se centra en cómo puedes colaborar con socios locales para crear oportunidades mutuamente beneficiosas.

1. Colaboración con Hoteles y Resorts:

Si tu club de golf está ubicado en una zona turística o cerca de hoteles y resorts, establecer asociaciones con ellos puede ser altamente beneficioso. Ofrecer paquetes de estadía y golf conjuntos (PLAY & STAY) puede atraer a visitantes que buscan una experiencia completa de golf y alojamiento. Estos paquetes pueden incluir tarifas especiales para green fees y alojamiento en el hotel asociado. Ten en cuenta que puedes encontrar problemas para cerrar acuerdos con hoteles debido a diferentes aspectos del negocio. Por un lado trabajan con tarifas dinámicas y eso complica la posibilidad de disponer de paquetes cerrados. Nuestra recomendación es que trates de buscar hoteles que estén interesados en el mercado del golf y que tengan recursos comerciales suficientes para realizar las campañas comerciales con supervisión por parte del golf. Eso te ayudará a reducir tus costes estructurales y optimizar la inversión en publicidad. Además, facilitarás el trabajo al hotel con un producto fácil de paquetizar. **Nuestro sector es muy interesante para desestacionalizar la demanda.**

2. Patrocinios y Alianzas Comerciales:

Busca oportunidades de patrocinio y alianzas comerciales con empresas locales que puedan beneficiarse de la exposición en tu club de golf. Las empresas locales pueden estar interesadas en patrocinar hoyos específicos en tu campo o participar en eventos especiales. A cambio, pueden obtener visibilidad en el campo y acceso a los golfistas que visitan tu club. La mejor forma de vender experiencias es con la colaboración entre las distintas partes de un destino, vendiendo gastronomía, naturaleza, actividades complementarias… Busca colaboradores que te ayuden a crecer. Serán tus mejores patrocinadores y obtendrán grandes resultados. Eso hará que vuestra colaboración sea de larga duración.

3. Colaboración con Escuelas y Grupos Juveniles:

Fomentar la colaboración con escuelas locales y grupos juveniles puede tener un impacto positivo en la comunidad y generar beneficios adicionales. Ofrece programas educativos de golf para estudiantes, como clases de golf en la escuela o programas extracurriculares. Además, considera ofrecer tarifas especiales para grupos juveniles que deseen aprender y jugar golf en tu club.

4. Eventos Comunitarios y Caritativos:

Organizar eventos comunitarios y caritativos en tu club de golf no solo fortalece los lazos con la comunidad, sino que también puede generar ingresos a través de donaciones y tarifas de inscripción. Colabora con organizaciones benéficas locales para organizar torneos de golf solidarios o eventos de recaudación de fondos en tu campo.

5. Alianzas con Proveedores Locales:

Considera la posibilidad de establecer alianzas con proveedores locales, como tiendas de golf, restaurantes, bodegas o empresas de entretenimiento. Puedes promocionar sus productos o servicios en tu club y recibir una comisión o un porcentaje de las ventas realizadas a través de tu recomendación.

6. Programas de Recompensas y Beneficios para Miembros:

Crea programas de recompensas y beneficios para tus miembros en colaboración con empresas locales. Por ejemplo, puedes negociar descuentos en restaurantes cercanos, tiendas locales o servicios de spa para tus miembros. Esto no solo agrega valor a la membresía de tu club, sino que también fomenta la fidelización de los miembros y la sensación y orgullo de pertenecer a un club.

7. Colaboración con Clubes de Golf Afiliados:

Explora la posibilidad de establecer acuerdos de afiliación con otros clubes de golf en diferentes regiones. Esto permite que tus miembros jueguen en otros campos asociados a tarifas preferenciales, mientras que atraes a golfistas de otros clubes a jugar en el tuyo. Esta colaboración puede ampliar la base de clientes y aumentar los ingresos por green fees.

La colaboración con socios locales puede ser una estrategia efectiva para diversificar tus fuentes de ingresos y fortalecer tu posición financiera. Al establecer relaciones mutuamente beneficiosas con empresas y organizaciones locales, puedes generar ingresos adicionales, aumentar la visibilidad de tu club de golf y mejorar la experiencia general de golf para tus miembros y visitantes.

Sección 3: Innovación y Creatividad en la Generación de Ingresos

La innovación y la creatividad son elementos clave para diversificar las fuentes de ingresos en tu negocio. Esta sección se centra en cómo puedes aplicar la innovación y la creatividad para generar nuevas oportunidades de ingresos.

1. Experiencias de Golf Únicas:

Crear experiencias de golf únicas es una forma efectiva de atraer a golfistas y aumentar los ingresos. Considera la posibilidad de organizar eventos especiales, como torneos de golf nocturnos, torneos temáticos, gastronómicos o competencias con reglas y modalidades innovadoras. Estas experiencias aportan un valor adicional y atraen a un público diverso.

2. Soluciones de liquidez inmediatas:

Si necesitas liquidez inmediata o sabes que vas a necesitar un incremento de ingresos sustancial en temporada baja o antes de una inversión importante, una de las mejores herramientas que puedes usar son las Ventas Flash. En este tipo de ventas es muy importante que tengas en cuenta las siguientes bases:

- Todas las ventas que hagas tienen que ir paquetizadas. Una venta flash no es una venta de green fees a bajo precio, es una oferta ligada a paquetes o experiencias. No vendemos green fees de forma independiente.
- Si puedes, vehicula la venta a través de un tercero. Páginas de venta de paquetes de green fees, e-commerce, grupos de golfistas, etc.
- No vendas los paquetes en tu área de influencia directa. Eso puede repercutir negativamente en tus ventas futuras.

3. Pro-Shop:

Optimiza la Pro-Shop de tu club de golf ofreciendo una amplia gama de productos de golf, desde equipos y ropa hasta accesorios y tecnología. Además, considera la venta de mercancía con la marca del club, como camisetas, sombreros y artículos promocionales. Ofrecer productos de alta calidad y atractivos puede aumentar las ventas y los ingresos. Los productos más fáciles de comercializar son: bolas, bolas logotipadas, marcadores, tees, arreglapiques, guantes y gorras de marcas premium con el logo del club. Cuando hagas regalos o sorteos en torneos, valora la creación de bonos para gastar en tienda. Es una buena forma de mejorar los ingresos y ventas. Analiza el ticket medio según el tipo de producto y ajusta el importe del bono regalo para generar upselling.

Para poder optimizar el rendimiento de tu inversión, es vital que analices el perfil de cliente que tienes y el que quieres conseguir. Definir tu target de jugador te ayudará a definir el mejor producto a comercializar.

4. Servicios de Golf en Línea:

Implementa un sistema de reservas en línea para tee times y servicios de golf si aún no lo has hecho. Las plataformas en línea facilitan la reserva de tee times para los golfistas y pueden aumentar la participación en tu club. Además, puedes ofrecer ofertas especiales de forma automatizada con descuentos exclusivos en línea para atraer a más golfistas.

5. Eventos Culturales y de Entretenimiento:

Considera la posibilidad de organizar eventos culturales y de entretenimiento en tu club de golf. Esto puede incluir conciertos al aire libre, proyecciones de películas, ferias de arte o festivales gastronómicos. Estos eventos pueden atraer a un público específico de interés estratégico con la siguiente segmentación:
- Demografía: Edad, género, ingresos, estado civil, educación u ocupación.
- Geografía: Ubicación geográfica dividiendo por región, ciudad, país o clima.
- Psicografía: Intereses, estilo de vida o personalidad.
- Comportamiento: Frecuencia de compra, lealtad o ciclo de vida del producto.

6. Programas de fidelización y Recompensas:

Implementa programas de fidelización y recompensas para tus miembros y clientes habituales. Ofrece descuentos, beneficios exclusivos o puntos acumulativos que pueden canjearse por premios o descuentos en servicios adicionales. Estos programas fomentan la retención de clientes y pueden aumentar la frecuencia de visita.

7. Tarifas Dinámicas y Promociones Estratégicas:

Utiliza tarifas dinámicas para ajustar los precios de green fees según la demanda y la temporada. Además, crea promociones estratégicas, como paquetes de golf y alojamiento, ofertas de temporada baja o descuentos por reserva anticipada. Estas estrategias pueden estimular la participación y aumentar los ingresos en momentos específicos.

8. Experiencias de Golf Virtual:

Si tienes espacio disponible, considera la posibilidad de instalar simuladores de golf o áreas de práctica virtuales en tu club. Esto permite a los golfistas practicar y jugar en campos famosos de todo el mundo sin salir de tu instalación. También abre opciones a jugar torneos a nivel internacional con otros usuarios. La tarifa por utilizar estas instalaciones puede generar ingresos adicionales.

La innovación y la creatividad en la generación de ingresos son esenciales para mantener la vitalidad financiera de tu club de golf. Al pensar de manera innovadora y explorar nuevas oportunidades, puedes diversificar tus fuentes de ingresos y brindar experiencias únicas a tus golfistas, lo que aumentará la rentabilidad de tu club.

6 GESTIÓN FINANCIERA EFICIENTE

En este capítulo, exploraremos la importancia de la gestión financiera eficiente en la metodología GHX para clubes de golf. Una gestión financiera sólida es esencial para garantizar la estabilidad y el éxito a largo plazo de tu club.

Sección 1: Presupuesto y Planificación Financiera

La planificación financiera eficiente es una columna vertebral fundamental de la gestión financiera exitosa en la metodología GHX para clubes de golf. Aquí se detallan los elementos clave de esta sección, que te ayudarán a gestionar tus recursos financieros de manera efectiva:

1. Elaboración de Presupuestos Anuales:

La elaboración de presupuestos anuales es un proceso fundamental en la gestión financiera de tu club de golf. Un presupuesto bien planificado te permite establecer metas claras, asignar recursos de manera efectiva y realizar un seguimiento de tus ingresos y gastos a lo largo del año.

Marketing y publicidad: Crea un presupuesto de marketing y publicidad para promoción online y asistencia a eventos. Abre vías de diálogo con administraciones públicas para optimizar tu presupuesto y asistir a ferias o eventos organizados por patronatos de turismo.

Ingresos Proyectados: Identifica y calcula los ingresos proyectados para el año. Esto incluye fuentes como las tarifas de green fees, membresías, eventos especiales, ingresos de la Pro-Shop, patrocinios y otras fuentes de ingresos.

Costes Operativos: Estima y detalla los costes operativos, que pueden incluir salarios y beneficios del personal, gastos de mantenimiento del campo, costes de alimentos y bebidas, servicios públicos y otros gastos operativos.

Gastos de Capital: Si tienes planes de inversiones en infraestructura o mejoras en el campo de golf, incluye estos gastos de capital en tu presupuesto.

2. Planificación a Corto, Medio y Largo Plazo:

Además de la planificación anual, es crucial establecer una visión a corto, medio y largo plazo para tu club de golf. Esto implica definir objetivos estratégicos a varios años y elaborar un plan financiero que te guíe hacia esos objetivos.

Inversiones Estratégicas: Considera qué inversiones estratégicas son necesarias para mejorar las instalaciones, atraer a más golfistas y diversificar los ingresos. Estas inversiones deben estar alineadas con tus metas a corto, medio y largo plazo.

Evaluación de Riesgos: Identifica los riesgos financieros y establece estrategias para mitigarlos. Esto puede incluir la creación de reservas financieras para enfrentar situaciones imprevistas.

3. Control de Gastos:

El control de gastos es esencial para mantener una gestión financiera eficiente. Aquí hay algunas prácticas clave:

Optimización de Costes: Evalúa constantemente tus costes operativos y busca áreas donde puedas optimizar los gastos sin comprometer la calidad del servicio.

Revisión de Proveedores: Examina tus relaciones con proveedores y busca oportunidades para negociar mejores precios o condiciones de pago.

Eficiencia en la Operación: Fomenta una cultura de eficiencia entre tu personal y promueve el uso responsable de los recursos.

Central de compras y costes compartidos: Cierra acuerdos con otros profesionales y competidores para optimizar tu presupuesto de compra y comparte inversiones para poder definir objetivos más ambiciosos.

4. Diversificación de Ingresos:

Como se mencionó en el Capítulo 5, diversificar las fuentes de ingresos es una estrategia importante. A medida que elaboras tu presupuesto anual y plan financiero a corto, medio y largo plazo, considera cómo puedes incorporar nuevas fuentes de ingresos y reducir la dependencia de una sola fuente.

5. Evaluación y Ajuste Regular:

La gestión financiera no es estática; requiere evaluación

y ajuste continuos. Establece un proceso regular para revisar tu presupuesto y planificación financiera, y realiza ajustes según sea necesario. Esto te permitirá mantener un control efectivo sobre tus finanzas y responder a cambios en el entorno económico.

La planificación financiera sólida es una piedra angular para el éxito de tu club de golf. Al elaborar presupuestos, planificar a corto, medio y largo plazo, controlar los gastos y diversificar los ingresos, estarás mejor preparado para enfrentar desafíos financieros y aprovechar oportunidades para el crecimiento sostenible de tu club.

Sección 2: Gestión de Recursos Humanos

La gestión de recursos humanos desempeña un papel esencial en la eficiencia operativa y financiera de tu club de golf. En esta sección, exploraremos cómo administrar eficazmente el personal para optimizar los costes y brindar un servicio de alta calidad.

1. Evaluación de Personal:

Una gestión eficiente de recursos humanos comienza con una evaluación cuidadosa de las necesidades de personal. Esto implica:

Análisis de la Demanda: Evalúa las fluctuaciones en la demanda de golfistas a lo largo del año y las actividades específicas de tu club. Identifica los períodos de mayor afluencia y las áreas que requieren más personal.

Establecimiento de Niveles de Personal: Define los niveles de personal adecuados para satisfacer las demandas de manera eficiente. Esto incluye empleados para el mantenimiento del campo, la Pro-Shop, el restaurante y otros departamentos.

2. Formación y Desarrollo:

La inversión en la formación y el desarrollo de tu personal es esencial para mejorar la calidad del servicio y la eficiencia en la operación. Esto implica:

Programas de Formación: Ofrece programas de formación para empleados en roles críticos, como instructores de golf, personal del área de operaciones, mantenimiento y recepción.

Desarrollo de Habilidades: Fomenta el desarrollo de habilidades específicas para el sector del golf, como la enseñanza del golf, la atención al cliente y la gestión de eventos.

Actualización Continua: Mantén al personal al día con las tendencias y las mejores prácticas en la industria del golf mediante la formación continua. Una buena forma de motivar a tus empleados y dotarlos de una visión más amplia del mercado es visitando otros campos. Es una de las mejores herramientas que puedes ofrecerles para que mejoren profesionalmente y formen parte activamente del día a día del club.

3. Programas de Retención:

La retención del personal es esencial para reducir la rotación, mantener un equipo experimentado y ahorrar costes en la contratación y la formación. Esto implica:

Beneficios y Reconocimiento: Ofrece beneficios competitivos, como seguros de salud, incentivos de rendimiento y programas de reconocimiento.

Desarrollo Profesional: Proporciona oportunidades de desarrollo profesional y promoción interna para alentar a los empleados a crecer dentro de la organización.

Cultura de Trabajo Positiva: Fomenta una cultura de trabajo positiva, donde los empleados se sientan valorados y comprometidos con la misión y los valores del club de golf.

4. Programas de Trabajo Temporal:

Dado que la demanda en los clubes de golf puede variar estacionalmente, considera la contratación de personal temporal durante los períodos de mayor afluencia. Esto te permite ajustar tu fuerza laboral según la demanda, controlando los costes laborales durante las temporadas más tranquilas. Tanto en áreas de administración como de mantenimiento, valora la posibilidad de buscar estudiantes que puedan complementar horarios con jornadas parciales. Encontrarás grandes talentos ocultos y con ganas de trabajar.

5. Programación Eficaz:

Optimiza la programación de empleados para garantizar que haya suficiente personal durante los momentos de mayor actividad sin excesos durante los períodos más tranquilos. Utiliza sistemas de programación que permitan una mayor flexibilidad.

La gestión de recursos humanos adecuada es esencial para equilibrar la calidad del servicio con los costes operativos. Al evaluar las necesidades de personal, invertir en formación y desarrollo, promover la retención y gestionar la programación de manera eficaz, tu club de golf puede mantener un equipo motivado y altamente eficiente, lo que beneficia tanto a los golfistas como a la salud financiera del club.

Sección 3: Control de Inventario y Compras

El control eficiente de inventario y las prácticas inteligentes de compras son esenciales para optimizar los costes operativos y la rentabilidad de tu club de golf. Esta sección se enfoca en cómo gestionar tus recursos de manera efectiva en este aspecto crucial.

1. Control de Inventarios:

El control adecuado de inventarios es esencial para evitar pérdidas y mantener los costes bajos. Aquí se describen las mejores prácticas:

Seguimiento Regular: Establece un sistema de seguimiento regular de inventarios para registrar las entradas y salidas de productos en tu Pro-Shop, restaurante y otras áreas de tu club.

Punto de Reordenamiento: Define puntos de reordenamiento para productos críticos. Cuando los niveles de inventario alcancen este punto, realiza un pedido de reposición para evitar quedarte sin stock.

Rotación de Inventarios: Promueve la rotación de inventarios para evitar la obsolescencia de productos y pérdidas por deterioro.

2. Negociación de Proveedores:

La negociación efectiva con proveedores puede resultar en ahorros significativos. Aquí se describen estrategias clave:

Comparación de precios: Compara los precios y las condiciones de compra de diferentes proveedores para obtener las mejores ofertas. Negocia precios competitivos y términos de pago favorables. En áreas como la de mantenimiento, busca productos en empresas no especializadas en golf. Encontrarás lo mismo a un precio más competitivo.

Compras conjuntas: Si es posible, busca colaboraciones con otros clubes de la zona para realizar compras conjuntas y obtener descuentos adicionales y reducir los costes unitarios.

Contratos a largo plazo: Considera establecer contratos a largo plazo con proveedores confiables para garantizar tarifas estables y condiciones predecibles.

3. Compras Inteligentes:

La compra inteligente implica tomar decisiones informadas sobre qué productos y servicios adquirir. Aquí hay algunas prácticas clave:

Análisis de Coste-Beneficio: Evalúa el coste-beneficio de cada compra. Pregunta si un producto o servicio contribuirá al éxito de tu club y si generará ingresos o ahorros a corto, medio y largo plazo.

Priorización de Compras: Prioriza las compras que ofrezcan un retorno de inversión positivo y estén alineadas con tus objetivos estratégicos.

Control de Gastos Variables: Controla y limita los gastos variables, como los gastos de mantenimiento. A veces es más interesante negociar costes fijos con algunos proveedores para controlar los gastos variables. Te recomiendo que hagas evaluaciones semestrales para ver si algunos costes variables pueden ser susceptibles de convertir a fijos.

4. Gestión de Proveedores:

Una relación sólida con tus proveedores puede ser beneficiosa. Aquí se describen algunos enfoques:

Comunicación Abierta: Mantén una comunicación abierta y continua con tus proveedores para resolver problemas rápidamente y aprovechar oportunidades.

Evaluación de Proveedores: Evalúa regularmente a tus proveedores en función de su calidad, puntualidad y servicio al cliente. Esto te ayudará a tomar decisiones informadas sobre con quién trabajar.

Búsqueda de Eficiencias: Colabora con proveedores para identificar formas de mejorar la eficiencia y reducir costes conjuntamente.

Busca colectivos o empresas que ya estén ofreciendo una central de compras integrada. Puede ayudarte a mejorar mucho tu gestión de compra y disponer de productos para comercializar que de otro modo, nunca tendrías disponibles.

El control de inventario eficiente y las prácticas inteligentes de compras son esenciales para mantener costes bajos y maximizar la rentabilidad de tu club de golf. Al adoptar estas estrategias y buscar formas de mejorar la gestión de recursos, podrás gestionar tus operaciones de manera más eficaz desde el punto de vista financiero.

Sección 4: Análisis de Datos y Seguimiento de KPI

El análisis de datos y el seguimiento de Indicadores Clave de Rendimiento (KPI) son herramientas esenciales para una gestión financiera efectiva en la metodología GHX para clubes de golf. En esta sección, exploraremos cómo utilizar estas herramientas para tomar decisiones informadas y optimizar el rendimiento financiero.

1. Recopilación de Datos:

El primer paso para el análisis de datos es la recopilación adecuada de información financiera y operativa. Esto incluye:

Sistemas de Registro: Implementa sistemas de registro que recopilen datos sobre ingresos, gastos, ventas de la Pro-Shop, reservas de tee times y otros aspectos financieros.

Métricas Operativas: Además de los datos financieros, registra métricas operativas clave, como la tasa de ocupación, la participación en eventos especiales y la satisfacción del cliente.

Datos Externos: Considera fuentes de datos externas, como informes de la industria del golf y datos económicos locales, para contextualizar tus resultados.

2. Análisis de Datos:

Una vez que hayas recopilado datos relevantes, el análisis de datos te permite extraer información valiosa. Algunas prácticas clave incluyen:

Identificación de Tendencias: Examina los datos a lo largo del tiempo para identificar tendencias en ingresos, gastos y operaciones. Identifica períodos de alto rendimiento y áreas de mejora.

Comparaciones Históricas: Compara el rendimiento actual con años anteriores para evaluar el crecimiento o la declinación.

Segmentación de Clientes: Analiza datos de clientes para identificar segmentos de alto valor y orientar estrategias de marketing y retención.

3. Establecimiento de KPI:

Los Indicadores Clave de Rendimiento (KPI) son métricas específicas que te permiten evaluar el rendimiento financiero y operativo. Algunos KPI comunes en la gestión de clubes de golf incluyen:

Tasa de Ocupación: La proporción de tee times reservados en comparación con la capacidad total del campo.

Margen de Beneficio: El porcentaje de beneficio neto en comparación con los ingresos totales.

Retención de Miembros: La tasa de retención de miembros existentes en un período dado.

Ingresos por Eventos Especiales: Los ingresos generados por eventos especiales y torneos.

Satisfacción del Cliente: Las calificaciones y comentarios de los clientes que indican su satisfacción con los servicios ofrecidos.

4. Toma de Decisiones Basada en Datos:

Utiliza los datos y los KPI para tomar decisiones informadas sobre estrategias financieras y operativas. Algunas acciones basadas en datos pueden incluir:

Ajuste de Precios: Si los datos indican que ciertos períodos son de alta demanda, considera ajustar los precios de green fees en consecuencia.

Marketing Dirigido: Utiliza datos de clientes para personalizar estrategias de marketing y retención.

Optimización de Recursos: Identifica áreas donde puedas optimizar recursos para reducir costes y mejorar la eficiencia.

5. Establecimiento de Objetivos Financieros:

Con base en el análisis de datos, establece objetivos financieros realistas y alcanzables. Esto te proporciona un marco para medir el éxito y orientar tus esfuerzos de mejora continua.

6. Evaluación Periódica:

Realiza evaluaciones regulares de tus datos y KPI para medir el progreso hacia tus objetivos y ajustar estrategias según sea necesario. La gestión financiera basada en datos es un proceso continuo de mejora.

El análisis de datos y el seguimiento de KPI son herramientas poderosas para optimizar el rendimiento financiero de tu club de golf. Al recopilar y analizar datos relevantes, puedes tomar decisiones informadas que impulsarán el éxito a largo plazo y mejorarán la eficiencia operativa de tu club.

Sección 5: Auditoría y Cumplimiento Normativo

La auditoría y el cumplimiento normativo son componentes esenciales de la gestión financiera responsable en la metodología GHX para clubes de golf. Esta sección se enfoca en cómo asegurar que tus operaciones financieras cumplan con las regulaciones y estándares adecuados.

1. Auditoría Externa:

La auditoría externa es un proceso en el que una empresa o firma de contadores independiente revisa y verifica tus estados financieros y registros contables. Aquí se describen los aspectos clave:

Programación Regular: Programa auditorías regulares, generalmente anuales, con una empresa externa de confianza.

Verificación de Precisión: Los auditores revisarán tus registros y estados financieros para verificar su precisión y conformidad con los Principios de Contabilidad Generalmente Aceptados (GAAP).

Informe de Auditoría: Al finalizar la auditoría, recibirás un informe de auditoría que detalla los hallazgos y las recomendaciones, si las hubiera. Este informe es una herramienta valiosa para la mejora continua.

2. Cumplimiento Normativo:

El cumplimiento normativo implica respetar las regulaciones financieras y fiscales relevantes. Aquí hay algunas áreas clave de cumplimiento:

Regulaciones Fiscales: Cumple con todas las regulaciones fiscales federales, estatales y locales relacionadas con los impuestos sobre ingresos, ventas y propiedad.

Regulaciones Laborales: Cumple con las leyes laborales aplicables en relación con el salario mínimo, las horas laborales, la seguridad en el lugar de trabajo y otros aspectos relacionados con el empleo.

Normativas de la Industria del Golf: Si existen regulaciones específicas de la industria del golf en tu región, asegúrate de cumplirlas. Esto puede incluir requisitos de licencia y regulaciones ambientales.

3. Gestión de Riesgos:

La gestión de riesgos implica identificar y mitigar posibles amenazas financieras y operativas. Algunos aspectos a considerar son:

Seguros: Asegúrate de tener seguros adecuados que cubran riesgos como incendios, daños al campo, responsabilidad civil y accidentes laborales. Asegurar tu negocio de forma correcta es imprescindible. Se han dado casos de incendios en cuartos de palos o instalaciones con maquinaria y la resolución del expediente con un seguro bien configurado, ha resultado en la resolución del mismo de forma rápida y beneficiosa. Un mal asesoramiento y contratación del seguro puede generar muchos problemas, la mala resolución del incidente o una demora extensa en la resolución del expediente.

Reservas Financieras: Mantén reservas financieras para hacer frente a situaciones imprevistas, como reparaciones costosas o una disminución inesperada de ingresos.

4. Transparencia y Ética:

Promueve una cultura de transparencia y ética en todas tus operaciones financieras. Esto incluye:

Documentación Detallada: Mantén registros financieros detallados y precisos que puedan ser revisados en cualquier momento.

Políticas Éticas: Establece políticas y procedimientos éticos que guíen las acciones de tu personal en asuntos financieros.

Divulgación de Información: Proporciona a los miembros, empleados y otros interesados acceso a información financiera relevante de manera transparente y honesta.

5. Planificación Fiscal Estratégica:

Trabaja con asesores fiscales para desarrollar estrategias fiscales eficientes que maximicen los ahorros fiscales dentro del marco legal.

La auditoría y el cumplimiento normativo son fundamentales para garantizar la integridad y la responsabilidad en tus operaciones financieras. Al cumplir con las regulaciones, gestionar riesgos y promover una cultura de transparencia, estarás mejor preparado para enfrentar desafíos financieros y mantener la confianza de tus miembros y partes interesadas. Una buena asesoría puede proporcionar soluciones de liquidez en momentos de tensión fiscal de forma legal.

7 CONCLUSIONES

En este libro, hemos explorado a fondo la metodología GHX para la gestión eficiente de clubes de golf. Esta metodología, desarrollada por los expertos en la industria del golf Jordi Hernandez y Roger Jordana, se basa en la conversión de todas las partes de un campo de golf en áreas de negocio independientes y en el análisis detallado de la estructura del club, sus recursos y objetivos. A lo largo de los capítulos, hemos profundizado en los principios clave y la aplicación práctica de GHX en clubes de golf, junto con estrategias y enfoques específicos para lograr el éxito financiero y operativo.

Recomendaciones para la Reflexión:

1. Conclusión: Diversificación de Ingresos para el Éxito Sostenible

En el mundo cambiante de la gestión de clubes de golf, la diversificación de ingresos se ha convertido en un pilar fundamental para el éxito sostenible. A través de este libro, hemos explorado cómo implementar estrategias de diversificación de ingresos de manera efectiva para asegurar la salud financiera y el crecimiento continuo de tu club de golf. Aquí resumimos las principales conclusiones y recomendaciones finales:

1. Eventos Especiales y Torneos: La organización de eventos especiales y torneos puede generar ingresos adicionales significativos. Asegúrate de planificar profesionalmente, promocionar de manera efectiva y proporcionar servicios de alta calidad para atraer a una audiencia diversa.

2. Programas de Membresía Creativos: Amplía tus programas de membresía para atraer a una gama más amplia de golfistas, incluyendo a familias, jóvenes y empresas locales.

3. Servicios de Golf Adicionales: Ofrece una variedad de servicios relacionados con el golf, como clases, alquiler de equipos y una Pro-Shop bien surtida, para satisfacer las necesidades de tus golfistas y aumentar los ingresos.

4. Restaurante y Servicios de Alimentos y Bebidas: El restaurante y los servicios de alimentos y bebidas pueden ser una fuente importante de ingresos complementarios. Desarrolla menús atractivos, organiza eventos especiales y considera la ampliación de los horarios de funcionamiento.

5. Academias de Golf y Campos de Práctica: Si cuentas con espacio adicional, la construcción de una academia de golf o un campo de práctica puede atraer a golfistas ávidos y aumentar los ingresos a través de tarifas de uso.

La diversificación de ingresos no solo fortalece la posición financiera de tu club de golf, sino que también lo hace más resistente a las fluctuaciones estacionales y económicas. Al implementar estas estrategias y adaptarlas a las necesidades específicas de tu club y comunidad, puedes garantizar un éxito sostenible en la industria del golf.

Recuerda que la planificación estratégica, la innovación y la adaptación constante son clave para mantener un club de golf próspero y exitoso. ¡Adelante en tu camino hacia un futuro financiero brillante!

2. Conclusión: Gestión de Recursos Humanos para un Club de Golf Exitoso

La gestión de recursos humanos (RRHH) desempeña un papel crucial en la prosperidad y el funcionamiento eficiente de cualquier club de golf. A lo largo de este libro, hemos explorado cómo abordar la gestión de RRHH de manera efectiva en el contexto de la metodología GHX. Aquí resumimos las principales conclusiones y recomendaciones finales relacionadas con la gestión de recursos humanos:

1. Personal Calificado y Formación: La calidad de tu personal, desde instructores de golf hasta personal de recepción, juega un papel fundamental en la experiencia del cliente y el éxito general del club. Invierte en la formación y el desarrollo de tu personal para asegurar que estén bien preparados para sus roles.

2. Programas de Membresía Creativos: Diversifica tus programas de membresía para atraer a una gama más amplia de golfistas, incluyendo a familias, jóvenes y empresas locales.

3. Programas de Retención: La retención del personal es esencial para reducir la rotación, mantener un equipo experimentado y ahorrar costes en la contratación y la formación. Ofrece beneficios competitivos, oportunidades de desarrollo y una cultura de trabajo positiva para mantener a tus empleados comprometidos y satisfechos.

4. Programas de Trabajo Temporal: Considera la

contratación de personal temporal durante los períodos de mayor afluencia para ajustar tu fuerza laboral según la demanda, controlando los costes laborales durante las temporadas más tranquilas.

5. Programación Eficaz: Optimiza la programación de empleados para garantizar que haya suficiente personal durante los momentos de mayor actividad sin excesos durante los períodos más tranquilos. Utiliza sistemas de programación que permitan una mayor flexibilidad.

La gestión de RRHH adecuada no solo contribuye a la satisfacción del cliente, sino que también mejora la moral de los empleados y la eficiencia operativa. Al invertir en la capacitación y el desarrollo, fomentar una cultura de trabajo positiva y proporcionar oportunidades de crecimiento, estarás mejor preparado para enfrentar los desafíos de la industria del golf y mantener un equipo comprometido y exitoso.

En resumen, la gestión de RRHH no es solo un componente crítico de la metodología GHX, sino también una parte esencial para el éxito sostenible de tu club de golf. Al implementar estrategias efectivas de gestión de RRHH, estarás bien encaminado hacia un futuro financiero y operativo brillante en la industria del golf.

3. Conclusión: Control de Inventarios y compras para la Eficiencia Operativa

El control de inventarios es un elemento fundamental en la gestión eficiente de un club de golf según la metodología GHX. En este libro, hemos explorado en detalle cómo gestionar tus recursos de manera efectiva y optimizar el control de inventarios para lograr un funcionamiento eficiente y rentable. A continuación, resumimos las principales conclusiones y recomendaciones finales relacionadas con el control de inventarios:

1. Seguimiento Regular y Preciso: El seguimiento regular y preciso de los inventarios es esencial para evitar pérdidas y asegurarse de que siempre haya suficiente stock disponible. Implementa sistemas de seguimiento efectivos y registra todas las entradas y salidas de productos.

2. Punto de Reordenamiento Estratégico: Establecer puntos de reordenamiento estratégicos para productos críticos te ayuda a evitar quedarte sin stock. A medida que los niveles de inventario se acerquen a este punto, realiza pedidos de reposición para mantener una oferta constante.

3. Rotación de Inventarios: Fomentar la rotación de inventarios es crucial para evitar la obsolescencia de productos y reducir las pérdidas por deterioro. Prioriza la venta de productos más antiguos y promociona la rotación.

4. Minimización de Desperdicio: Adoptar prácticas de gestión de alimentos y bebidas que minimicen el desperdicio no solo reduce costes, sino que también fomenta la sostenibilidad. Planifica cuidadosamente tus compras y utiliza ingredientes de manera eficiente.

5. Comunicación Efectiva: Mantén una comunicación efectiva con tu equipo de cocina y personal de la Pro-Shop para garantizar que todos estén al tanto de las prácticas de control de inventarios y los objetivos de reducción de costes.

6. Selección de Proveedores: Trabaja en estrecha colaboración con proveedores confiables que ofrezcan productos de calidad a precios competitivos. La elección de proveedores adecuados es esencial para mantener la eficiencia en la gestión de inventarios.

4. Análisis de Datos y KPI para el Éxito Empresarial

El análisis de datos y el seguimiento de Indicadores Clave de Rendimiento (KPI) son herramientas poderosas en la gestión de clubes de golf según la metodología GHX. En este libro, hemos explorado cómo utilizar estas herramientas para tomar decisiones informadas y optimizar el rendimiento financiero y operativo. A continuación, resumimos las principales conclusiones y recomendaciones finales relacionadas con el análisis de datos y KPI:

Análisis de Datos:

1. Identificación de Tendencias: El análisis de datos permite identificar tendencias en ingresos, gastos y operaciones a lo largo del tiempo. Esto proporciona información valiosa para la toma de decisiones estratégicas.

2. Comparaciones Históricas: Comparar el rendimiento actual con años anteriores permite evaluar el crecimiento o la declinación. Esto es esencial para ajustar estrategias a corto, medio y largo plazo.

3. Segmentación de Clientes: Analizar datos de clientes ayuda a identificar segmentos de alto valor y orientar estrategias de marketing y retención.

Indicadores Clave de Rendimiento (KPI):

4. Tasa de Ocupación: La tasa de ocupación es un KPI crucial para evaluar la demanda y la eficiencia en la programación de tee times. Ajusta tus estrategias de precio según la demanda para optimizar los ingresos.

5. Margen de Beneficio: El margen de beneficio indica la eficiencia en la gestión de costes y la rentabilidad general. Mantén un equilibrio entre costes y calidad de servicios para mejorar este indicador.

6. Retención de Miembros: La retención de miembros es esencial para mantener ingresos estables a largo plazo. Implementa estrategias de retención, como eventos exclusivos para miembros y programas de fidelización.

7. Ingresos por Eventos Especiales: El seguimiento de los ingresos por eventos especiales te ayuda a evaluar la efectividad de tu estrategia de eventos y a identificar áreas para el crecimiento.

8. Satisfacción del Cliente: La satisfacción del cliente es un KPI subjetivo pero crucial. Realiza encuestas periódicas de satisfacción para identificar áreas de mejora y mantener a los clientes satisfechos.

Recomendaciones Finales:

1. Toma de Decisiones Basada en Datos: Utiliza datos y KPI para tomar decisiones informadas sobre estrategias financieras y operativas. Ajusta los precios, las estrategias de marketing y las operaciones según los datos recopilados.

2. Establecimiento de Objetivos Financieros: Establece objetivos financieros realistas y alcanzables basados en los datos y el análisis. Estos objetivos proporcionan un marco para medir el éxito y guiar los esfuerzos de mejora continua.

3. Evaluación Periódica: Realiza evaluaciones regulares de datos y KPI para medir el progreso hacia tus objetivos y ajustar estrategias según sea necesario. La gestión financiera basada en datos es un proceso continuo de mejora.

El análisis de datos y el seguimiento de KPI son herramientas esenciales para optimizar el rendimiento financiero y operativo de tu club de golf. Al implementar estas estrategias y mantener un enfoque constante en la mejora basada en datos, estarás mejor preparado para enfrentar los desafíos de la industria del golf y alcanzar el éxito sostenible.

5. Conclusión: Auditoría y Cumplimiento Normativo para la Integridad y Sostenibilidad

La auditoría y el cumplimiento normativo son pilares fundamentales en la gestión responsable y sostenible de un club de golf, tal como lo prescribe la metodología GHX. A lo largo de este libro, hemos explorado cómo llevar a cabo auditorías y mantener un alto nivel de cumplimiento normativo para garantizar la integridad financiera y operativa. A continuación, resumimos las principales conclusiones y recomendaciones finales relacionadas con la auditoría y el cumplimiento normativo:

Auditoría:

1. Auditoría Externa: La auditoría externa realizada por una firma de contadores independiente es esencial para garantizar la precisión y la transparencia en tus estados financieros. Asegúrate de programar auditorías regulares y actuar sobre las recomendaciones proporcionadas.

2. Verificación de Precisión: Los auditores revisarán tus registros y estados financieros para verificar su precisión y conformidad con los Principios de Contabilidad Generalmente Aceptados (GAAP). Este proceso garantiza la integridad de tus registros financieros.

3. Informe de Auditoría: El informe de auditoría proporciona una visión detallada de tus estados financieros y señala cualquier área que requiera atención. Utiliza este informe como una herramienta para la mejora continua y la toma de decisiones informadas.

Cumplimiento Normativo:

4. Regulaciones Fiscales: Cumple con todas las regulaciones fiscales federales, estatales y locales aplicables. Mantén registros precisos y paga los impuestos de manera puntual para evitar sanciones y multas.

5. Regulaciones Laborales: Cumple con las leyes laborales aplicables para garantizar condiciones laborales justas y seguras para tus empleados. Esto incluye el cumplimiento de las leyes sobre salario mínimo, horas laborales y seguridad en el lugar de trabajo.

6. Normativas de la Industria del Golf: Si existen regulaciones específicas de la industria del golf en tu región, asegúrate de cumplirlas. Esto puede incluir requisitos de licencia, regulaciones ambientales y otras normativas relacionadas con la operación de clubes de golf.

Recomendaciones Finales:

1. Transparencia y Ética: Promueve una cultura de transparencia y ética en todas tus operaciones financieras. Mantén registros detallados y precisos que puedan ser revisados en cualquier momento.

2. Planificación Fiscal Estratégica: Trabaja en estrecha colaboración con asesores fiscales para desarrollar estrategias fiscales eficientes que minimicen los impuestos dentro del marco legal.

3. Gestión de Riesgos: Asegúrate de contar con seguros adecuados para cubrir riesgos como incendios y daños al campo. Mantén reservas financieras para hacer frente a situaciones imprevistas.

La auditoría y el cumplimiento normativo son esenciales para mantener la integridad y la responsabilidad en tus operaciones financieras. Al cumplir con las regulaciones, gestionar riesgos y promover una cultura de transparencia, estarás mejor preparado para enfrentar desafíos financieros y mantener la confianza de tus miembros y partes interesadas. La gestión responsable y el cumplimiento normativo son componentes clave para el éxito y la sostenibilidad de tu club de golf en la industria actual.

6. Planificación a Corto, Medio y Largo Plazo para el Éxito Sostenible

La planificación a corto, medio y largo plazo es un componente crítico para el éxito sostenible de un club de golf según la metodología GHX. A lo largo de este libro, hemos explorado cómo establecer objetivos financieros y estratégicos para guiar tus esfuerzos y asegurar un futuro financiero brillante. A continuación, resumimos las principales conclusiones y recomendaciones finales relacionadas con la planificación a corto, medio y largo plazo:

Planificación:

1. Establecimiento de Objetivos Claros: Define objetivos financieros y estratégicos a corto, medio y largo plazo que sean claros, medibles y realistas. Estos objetivos proporcionarán una dirección clara para tus esfuerzos.

2. Evaluación de Tendencias: Utiliza datos históricos y análisis de tendencias para comprender el rendimiento pasado y proyectar el rendimiento futuro. Esto te ayudará a identificar áreas de mejora y oportunidades de crecimiento.

3. Análisis de Mercado: Realiza un análisis de mercado

para comprender las oportunidades y amenazas en tu área. Esto te permitirá ajustar tus estrategias a corto, medio y largo plazo para satisfacer las demandas cambiantes de los golfistas y la comunidad.

4. Innovación Continua: Fomenta la innovación constante para mantener tu club de golf relevante y atractivo a lo largo del tiempo. Investiga en nuevas tecnologías, programas y servicios que puedan atraer a una audiencia diversa.

Recomendaciones Finales:

1. Compromiso con la Planificación: Fomenta un compromiso continuo con la planificación a corto, medio y largo plazo en toda la organización. Esto garantiza que todos estén alineados con los objetivos y trabajen hacia su cumplimiento.

2. Flexibilidad y Adaptación: Si bien la planificación es esencial, también es importante ser flexible y capaz de adaptarse a cambios inesperados en el mercado o en las condiciones económicas.

3. Evaluación y Ajuste Regular: Revisa y ajusta tus planes a corto, medio y largo plazo de forma regular para mantenerlos relevantes y efectivos. La planificación debe ser un proceso dinámico y no estático.

4. Comunicación Externa e Interna: Comunica tus planes tanto a nivel interno como externo. Mantén a tus empleados, miembros y partes interesadas informados sobre tu visión y tus objetivos.

La planificación es un elemento fundamental para el éxito sostenible de tu club de golf. Al establecer metas ambiciosas, evaluar tendencias, mantenerse flexible y comunicarse eficazmente, estarás bien preparado para enfrentar los desafíos y oportunidades que se presenten en la industria del golf a lo largo del tiempo. La visión a largo plazo y la planificación estratégica son componentes clave para mantener la relevancia y el éxito en un entorno empresarial en constante evolución.

8 REFLEXIONES

En la exploración de la metodología GHX a lo largo de este libro, hemos descubierto un enfoque integral y poderoso para la gestión de un club de golf. Hemos explorado estrategias relacionadas con la gestión de recursos humanos, el control de inventarios, el análisis de datos, el cumplimiento normativo y la planificación a corto, medio y largo plazo. Cada uno de estos componentes desempeña un papel vital en el éxito sostenible de tu club de golf.

En un mundo en constante cambio, la metodología GHX ofrece una brújula confiable para navegar por las aguas turbulentas de la industria del golf. Sus principios se basan en la adaptación, la eficiencia y la innovación constante. Te invita a reconsiderar la forma en que ves y gestionas tu actividad, convirtiendo cada área en una oportunidad de negocio independiente y alineando tus acciones con objetivos claros y ambiciosos.

Pero esta metodología va más allá de la teoría; es una invitación a la acción. Te desafía a dar el siguiente paso, a experimentar con las técnicas y prácticas que hemos discutido. ¿Te has preguntado cuánto podrías mejorar tu club de golf aplicando algunas de las estrategias que hemos explorado? Tal vez estás buscando aumentar tus ingresos, optimizar tus operaciones o mejorar la satisfacción de los miembros. La metodología GHX ofrece un camino claro hacia estos objetivos.

Sin embargo, es importante recordar que la implementación exitosa de GHX no requiere un cambio drástico de la noche a la mañana, se trata de un compromiso gradual y constante. Puedes comenzar eligiendo una o dos áreas clave que necesitan mejoras y desarrollando un plan de acción paso a paso. Esta es una oportunidad para la innovación y el crecimiento sostenible, un viaje que puedes emprender a tu propio ritmo.

GHX no es solo una metodología, es una invitación a la excelencia en la gestión de clubes de golf o de las diferentes áreas de negocio. Te desafía a considerar cómo puedes llevar tu actividad al siguiente nivel, no solo como un lugar para jugar al golf, sino como un centro de excelencia en la industria. La visión a corto, medio y largo plazo y la planificación estratégica son componentes clave para mantener la relevancia y el éxito en un entorno empresarial en constante evolución.

Así que te insto a que te tomes un momento para reflexionar sobre lo que has aprendido y consideres cómo puedes aplicar algunas de las técnicas de GHX en tu negocio. Pese a que hemos enfocado la metodología a la gestión integral de un campo de golf, puedes aplicar la misma a tu área de negocio específica. La implementación de estas estrategias no solo puede mejorar tu éxito financiero, sino que también puede contribuir al crecimiento y la sostenibilidad de tu club en el emocionante mundo del golf. ¡La aventura está en tus manos y el horizonte está lleno de posibilidades!

ACERCA DEL AUTOR

Con una carrera empresarial que se extiende por más de 25 años, he sido un emprendedor y empresario apasionado, comprometido con la innovación y el crecimiento constante. Mi viaje profesional ha sido un emocionante viaje de desafíos y reinvenciones, y ha culminado en un nuevo capítulo apasionante en mi vida.

Frente a los desafíos de la pandemia de COVID-19, mi pasión por el golf me llevó a reevaluar mi carrera. En este proceso, mi hijo de 10 años se convirtió en mi consejero clave, y juntos elegimos la ruta que más nos entusiasmaba.

Gracias a su elección y al trabajo incansable, hoy me enorgullece formar parte de un equipo con algunos de los mejores profesionales en la industria del golf a nivel internacional. Nuestra presencia abarca diversos ámbitos, incluyendo el diseño de campos, gestión, mantenimiento, consultoría comercial, automatización y digitalización.

Esta trayectoria no solo representa un viaje empresarial, sino también un testimonio de la importancia de la pasión, la adaptabilidad y la valentía. Estamos comprometidos en impulsar un nuevo paradigma para esta apasionante industria.

Este libro es el resultado de la experiencia adquirida a lo largo de los años y de la determinación por trascender los desafíos y las adversidades. Espero que encuentres en sus páginas una fuente de inspiración y conocimiento, y que puedas acompañarme en este viaje hacia el éxito en el golf y los negocios.

Sinceramente,

Jordi Hernandez

www.ingramcontent.com/pod-product-compliance
Lightning Source LLC
Chambersburg PA
CBHW062329290526
45794CB00005B/1967